KB0097896

서중석의 현대사 이야기 ❷

서중석의
현대사
이야기

서중석 답하다
김덕련 묻고 정리하다

2

한국전쟁과 민간인 집단 학살,
도피한 이승만, 죽어간 국민들

오월의봄

일러두기
본문의 추가 보충 설명, 특별면 편집 원고는 모두 김덕련이 정리했다.

1

우리는 21세기에 들어와 극렬한 '역사 전쟁'을 겪고 있다. 역사 전쟁은 한국과 일본 사이에, 또 한국과 중국 사이에 벌어지는 것으로 알고 있는 사람들이 많겠지만, 오히려 한국 사회 내부에서 더 치열하다.

사실 최근에 와서야 비로소 역사 교육이 정상적인 길로 들어서는가 싶었다. 박정희 한 사람만을 위한 1인 유신 체제의 망령인 국정 역사 교과서가 21세기 들어 사라졌고, 가장 중요한데도 공백이나 다름없었던 근현대사 교육이 이루어지면서 한국사 교육이 조금씩 자리를 잡아가고 있었다. 이런 흐름을 따라 이제 극우 반공 체제나 권력의 손아귀에서 벗어나 역사 교육이 학문과 교육 본연의 자세로 조심스럽게 나아가는 듯싶었다.

우리 현대사에는 조금 잘될 듯하다가 물거품이 된 경우가 종종 있다. 역사 교육도 그렇다. 교육의 현장이 순식간에 전쟁터가 된 것이다.

2008년 이명박 정권이 들어서자마자 수구 세력은 오염된 현대사를 재교육하겠다고 나섰다. 과거 중앙정보부 간부, 수구 언론 논설위원 등이 포함된 강사들이 서울을 비롯해 전국 각지로 보내져 학생과 교육계, '사회 지도층'을 상대로 현대사 재교육에 나섰다. 강사라기보다 유세객遊說客이라는 표현이 맞겠지만, 이들 중 현대사 전공자라고 볼 만한 사람은 없었다. 현대사 전공자가 아니면 역사학자도 잘 모를 수밖에 없는 한국 현대사, 특히 해방 전후사를 수구 세력 이데올로기 대변자들한테 맡긴 것이다. 얼마나 다급했으면 그렇게 했을까 싶지만 해프닝이나 다름없었다.

거기까지는 그나마 양호했다. 그해 8월 15일은 공교롭게도 정부 수립 60주년이 되는 날이었는데, 특히 이날을 벼르고 벼르던 세력들이 광복절을 건국절로 명칭을 변경해 기념해야 한다고 나섰다. 일부는 뭐가 뭔지 모르고 가담했겠지만, 그것은 역사 교육의 목표, 국가 기강이나 민족정기를 한순간 뒤집어엎고 혼란에 빠트릴 수 있는 위험 천만한 행동이었다. 친일파를 건국 공로자로 만들 수 있는 건국절 행사장에는 참석하지 않겠다고 독립 운동 단체가 단호히 선언하고, 독립 운동가들이 자신들이 받은 서훈을 반납하겠다고 강경히 주장해서 간신히 광복절 기념식을 치를 수 있었다.

가을이 되자 일선 역사 교사들에게 날벼락이 떨어졌다. 지금 쓰는 교과서를 바꾸라고 난리를 친 것이다. 모든 권력을 총동원해서 압력을 가해왔다. 그 전쟁터 한가운데에 서서 교사들은 어떤 사념에 잠겼을까. 역사 교사로서 올바르게 산다는 것이 무엇이라고 생각했을까. 그렇지 않으면 기구한 우리 현대사를 되돌아보았을까.

그로부터 5년 후 박근혜 정권이 등장하자 또다시 역사 전쟁이 벌어졌다. 이번에는 역사 교과서를 둘러싼 전쟁이었다. 2004~2005년부터 구체적인 본색을 드러내고 조직적으로 활동하며 수구 세력 내에서 역사 문제에 대해 강력한 발언권을 확보해온 뉴라이트 계열이 역사 교과서를 만든 것이다.

뉴라이트 계열 역사 교과서는 어이없이 참패했다. 일본 극우들이 2001년에 만든 후쇼샤 교과서보다 더한 참패였다. 일제 침략, 친일파와 독재를 옹호했다고 그 교과서를 맹렬히 비판하던 쪽도 전혀 상상치 못한 결과였다. 그 교과서가 등장하기 몇 달 전부터 수구 언론이 여러 차례 크게 보도해 분위기를 띄우고, 권력이 여러 방법으로 지원을 하는 등 나름대로 총력전을 폈으며, 수구 세력이 지배하는 학교 재단도 있었기 때문에 어느 정도는 채택될지도 모른다고 크게 우려했는데 결과는 딴판이었다.

2

왜 역사 전쟁에서 이승만을 띄우는가. 박정희의 경제 발전 공로는 진보 세력 일부도 인정하기 때문에 이제 이승만만 살리면 다 된다고 보기 때문일까. 그렇지 않다. 근현대 역사에서 너무나 중요한 '비결 아닌 비결'이 거기 내장되어 있기 때문이다.

우리에게는 '역사의 죄인'이 있다. 우리 역사에서 제일 큰 죄인은 누구일까. 우선 친일파, 분단 세력, 독재 협력 세력이 쉽게 떠오를 것이다. 이승만을 존경하는 사람들에는 여러 유형이 있다. 친일파, 분단 세력, 독재 협력 세력이 거기 포함된다. 이들은 이승만을 살리고 나아가 그를 '건국의 아버지' '국부'로 만들어놓을 수만 있으면 '역사의 죄인'에서 벗어날 수 있다고 믿는 것 같다. 나아가 이승만이 국부가 되면 권력이나 사회적 지위, 기득권을 계속 움켜쥘 수 있다고 확신하고 있는 것 같다.

역사 전쟁은 수구 세력이 일으키는 불장난이라는 생각이 들 때가 있다. 60~70년 전 역사를 가지고 지금 아무에게도 득이 되지 않는 소모적인 전쟁을 일으킬 필요가 없기 때문이다. 사실을 왜곡하는 일 없이, 개방 시대에 맞게 그 시대를 폭넓게 이해하도록 가르치면 되는 것이다. 문제는 친일파, 분단 세력, 독재 협력 세력은 그렇게 생각하지 않는다는 데 있다. 자연인으로서 친일파는 생명이 다했지만, 정치적·사회적 친일파는 여전히 강성하다. 그러니 자꾸 문제를 일으킨다. 어두운 과거를 떨치고 새 출발을 할 때 보수주의가 자리 잡을 수있는데, 비판자들을 마구잡이로 '종북'으로 몰아세우고 대통령 선거에서 NLL로 황당무계한 공격을 하는 데서 알 수 있듯이, 그들은 과거를 떨치지 못하고 독재 권력이 행했던 과거의 수법에 의존하고 있다. 이렇듯 수구 세력이 정치적 생명을 연장하려고 하기 때문에 역사 전쟁이 지겹게도 반복되고 있는 것이다.

우리에게는 '역사의 힘'이 있다. 항일 독립 운동과 반독재 민주화 운동이 줄기차게 계속된 것도, 우리 제헌 헌법에 자유·평등의 독립 운동 정신이 담겨 있는 것도 역사의 힘이다. 우리 국민이 친일파, 분단, 독재를 있어선 안 되는 잘못된 것으로 보는 것도 역사의 힘이다. 막강한 힘의 지원을 받은 역사 교과서가 참패한 것도 그렇다. 2014년에 국무총리 후보가 역사의식 때문에 순식간에 추락한 것도 역사의 힘이 아니고서는 설명하기 어렵다. 그런데도 해방-광복 70주년이 되는 2015년에 들어서자마자 역사 교과서를 국정화하겠다는 소리가 들리고, 수구 언론은 과거처럼 '이승만 위인 만들기'에 노력하고 있다.

진보 세력은 역사의 죄인 혐의에서 자유로울까. 현대사 진실 찾기, 역사 바로 세우기를 방기한 것은 어떻게 설명할 수 있을까. 1980년대에 운동권은 극우 반공 세력의 역사관을 산산조각 냈다고 생각하기도 했지만, 그것은 자만이었다. 현대사 진실 찾기를 방기할 때, 그것은 또 하나의 이데올로기이자 도그마로 경직될 수 있었다. 진보 세력은 수구 세력이 뉴라이트의 도움을 받아 근현대사 쟁점에 나름대로 논리를 세워놨는데도 더 이상 자신을 채찍질하지 않았다.

1980년대에 그렇게 현대사에 열을 올리던 사람들 가운데 몇이나 해방과 광복, 광복절과 건국절의 차이를 설명할 수 있을까. 그들은 단정 운동에 대해서 어느 정도 지식을 가지고 있을까. 이승만이 대한민국을 건국한 국부가 아니고 제헌 국회에서 표결에 의해 선출된 초대 대통령에 지나지 않는다는 것은 또 얼마나 알고 있을까. 한마디로 이승만 건국론이 잘못된 주장이라는 것을 일반 사람들에게 구체적인 사실을 들어 조리 있게 설명해줄 수 있을까. 현대사의 이런저런 문제를 가지고 생각이 다른 사람들과 논전을 벌일 경우 상대방을 얼마나 설득할 수 있을까.

3

나는 역사 전쟁이 싫다. 특히 요즘은 이제 제발 그만두었으면 싶은 마음이 간절하다. 내가 현대사에 관심을 가진 것이 1960년대 중반부터이니, 반세기라는 긴 세월 동안 극우 세력의 억지 주장이나 견강부회와 맞닥트리며 살아온 셈이다. 하지만 어떡하겠나. 숙명이려니 하고 받아들이지 않을 수 없다.

2013년 6월 제자와 지인들 앞에서 퇴임사를 하면서 이런 이야기들을 전했고, 젊은이들이 발분하여 현대사를 공부해줄 것을 거듭 당부했다. 그러고 나서 얼마 후 프레시안 김덕련 기자에게서 현대사 주제들을 여러 차례에 걸쳐 인터뷰하고 싶다는 요청이 왔다. 그다지 부담이 없을 것 같아 응했다. 한국전쟁부터 시작했다.

김덕련 기자는 뉴라이트가 제기한 문제들을 포함해 여러 가지를 예리하게 추궁했다. 당연히 쟁점 중심으로 얘기가 진행됐다. 그런데 곧 출판 제의가 들어왔다. 출판을 한다면 좀 더 체계적으로 인터뷰를 이끌어가야 할 것 같았다. 그래서 이승만 건국 문제, 친일파 문제, 한국전쟁과 이승만 문제, 집단 학살 문제, 5·16쿠데타 평가, 3선 개헌과 유신 체제, 박정희와 경제 발전 문제, 부마항쟁과 10·26과 광주항쟁, 6월항쟁 등 중요 쟁점을 한층 더 깊이 파고들어가기로 했다.

욕심도 생겼다. 이승만에 대해서는 직간접적으로 다룬 여러 저작과 논문이 있지만, 박정희에 대해서는 두세 편의 논문과 일반적인 글이 있을 뿐이었다. 그렇지만 현대사에서 박정희는 18년이라는 커다란 몫을 가지고 있고, 1960~1970년대의 대부분이 포함된 그 18년은 정치적으로나 경제적으로나 대단히 중요한 시기였다. 그 중요한 시기 동안 박정희가 집권했으니, 그 시기를 통사로 한번 써야 하지 않겠느냐는 의무감 비슷한 것이 있었다. 그러던 차에 인터뷰가 책으로 나오게 된다니, 박정희 집권 18년의 전체 상을 박정희 중심으로 살펴보고 싶은 의욕이 생겼다.

해방 직후의 역사도 1980년대에 와서야 연구되었지만, 박정희 시기도 마찬가지였다. 그 당시 한국인의 대다수가 박정희의 창씨 명을 알지 못했고, 심지어 그가 남로당의 프락치였다는 사실조차 모르고 있었다. 적지 않은 사람들이 막 보급되던 TV 화면에 빠지지 않고 등장하는 박정희의 모습을 그의 참모습으로 알고 있었다. 더욱이 1990년대 중반, 특히 IMF사태 이후 박정희 신드롬이 일어나면서 그는 대단한 능력자로 신비화되기도 했다.

나는 박정희가 쿠데타를 일으켰던 그때부터 이미 박정희의 모습을 지켜보았다. 덧칠하지 않은 있는 그대로의 박정희를 볼 수 있었다. 그는 그렇게 특별한 능력이나 지식을 가진 사람이 아니었다. 다만 권력에 대한 집착이 생사를 초월하도록 강했고, 상황을 판단하는 총기가 있었으며, 콤플렉스도 있었고, 색욕이 과했다.

그런데 나는 박정희의 저작, 연설문집, 그에 관한 여러 연구와 글을 들여다보면서 의외로 일제 때의 군인 경험이 그의 일생에 지대한 영향을 미쳤음을 알게 되었다. 유신 체제, 민족적 민주주의-한국적 민주주의, 민족과 주체성 강조 등 '정치 이념'이 해방 이전의 세계관에서 먼 거리에 있지 않았다. 일제 때 군인 정신으로 민족, 주체를 강조하게 되었다는 것이 아주 이상하게 들릴지 모르겠지만, 거기에 박정희의 박정희다운 특성이 있고, 한국 현대사의 일그러진 자화상이 담겨 있다.

김덕련 기자와 인터뷰를 하게 된 것은 행운이다. 그는 대학 시절 국사학과에 재학 중일 때 내 현대사 강의를 들었다고 하는데, 현대사 지식이 풍부하고 문제의식이 날카로웠다. 중요 쟁점도 놓치지 않았고 미묘한 표현도 잘 처리했다. 거기다 금상첨화 격으로 꼼꼼하며 자상하기까지 하다. 김덕련 기자와 나는 이러한 작업에 잘 어울리는 좋은 팀이라고 생각한다. 출판에 대해 자신의 철학을 가지고 있고 공들여 편집하느라 애쓴 오월의봄 박재영 대표에게도 감사드린다.

2015년 3월 봄날
서중석

차례

연표

1948년

2월 26일   유엔 소총회, 남한만의 선거 결의
4월 3일   4 · 3항쟁 발발, 그 후 제주도 곳곳에서 민간인 학살
5월 10일   제헌 국회의원 선거(5 · 10선거)
7월 17일   제헌 헌법 공포
8월 15일   대한민국 정부 수립 공포
9월 9일   조선민주주의인민공화국 정부 수립
10월 19일   여순사건 발발, 그 후 여수와 순천 일대에서 민간인 학살
12월 1일   국가보안법 공포

1949년

6월 5일   국민보도연맹 창설
6월 6일   경찰, 반민특위 습격
6월 20일   김약수 등 소장파 국회의원들 구속되며 국회 프락치 사건 본격화
6월 26일   김구 피살

1950년

5월 30일   제2대 국회의원 선거(5 · 30선거)
6월 25일   한국전쟁 발발(전쟁이 터진 후 보도연맹원, 대전형무소 재소자,
             노근리 주민 등 연이어 학살)
6월 27일   이승만, '나 홀로' 피난 후 거짓말 방송
6월 28일   북한군, 서울 점령
             미국, 한강 이북 폭격 시작
7월 14일   이승만 대통령, 맥아더에게 한국군 작전권 이양 통고
9월 15일   인천상륙작전 개시
9월 28일   서울 수복
10월 1일   국군, 38선 돌파해 북진 시작
10월 19일   중국군, 압록강 건너 참전
12월 16일   국민방위군 설치 법안 국회 통과, 그 후 1951년 초까지 국민방위군 사건 발생

1951년

1월 4일   1·4후퇴(서울 시민들 대거 피란)
2월   거창 민간인 학살 사건 발생
7월 10일   휴전 회담 시작

1952년

5월 25일   부산 정치 파동 시작
7월 4일   발췌 개헌안 국회 통과
8월 5일   정부통령 직선제 최초로 실시

1953년

6월 18일   이승만 정부, 반공 포로 석방
7월 27일   정전협정 체결
10월 1일   한미상호방위조약 체결

1954년

4월 26일   한국전쟁 참전국들, 제네바 회담 시작(~6월 15일)
5월 20일   민의원 의원 선거
11월 27일   개헌안 부결 선포(11월 29일 개헌안 부결 번복 가결 동의안 통과
               - 사사오입 개헌)

1961년

5·16쿠데타 후 피학살자 유가족회 간부들 구속, 묘소 파괴('제2의 학살')

한국전쟁

한국전쟁,
어디부터 잘못 꿰어졌나

한국전쟁, 첫 번째 마당

김 덕 련 여론조사를 보면 현대사 최대 사건으로 한국전쟁을 꼽는 경우가 많다.

서 중 석 한 여론조사를 보니까 40대 이상이 그와 같이 응답한 것으로 나온다. 30대 이하는 그다지 큰 관심을 보이지 않았다. 내 개인적으로는 '해방'을 한국 현대사 최대 사건으로 보고 있다. 분단, 한국전쟁과 4월혁명, 6월항쟁을 두 번째로 생각하고 있다. 내 견해와는 다르게 기성세대는 한국전쟁을 최대 사건으로 꼽는 사람이 많은 것 같다. 한국전쟁은 임진왜란, 병자호란 이후 한반도에 최대 피해를 발생시켰다. 이뿐만 아니라 민간인 집단 학살은 한국 역사상 최대 규모가 아닐까 한다. 그런데 전쟁을 경험하지 않았는데도 50대 이상이 한국전쟁을 중시하는 것은 이유가 있다. 나도 1948년생이지만 전쟁 시기에 대한 기억이 전혀 없다. 한국전쟁이 기성세대 머리에 이렇게까지 자리 잡은 까닭은 다른 사건과 달리 수십 년 동안 반복 교육을 받고 얘기를 들었기 때문이다. 특히 박정희 1인 유신 체제 시기에 아주 심했다. '북괴'의 침략과 학살 만행이 텔레비전이나 라디오를 통해서, 학교 교육을 통해서 끊임없이 전달되었다.

북한 주민들 중에도 한국전쟁을 현대사 최대 사건으로 생각하고 있는 사람들이 많을 것이다. 미군 폭격으로 도시나 각종 시설물 피해가 3년에 걸친 시기 동안 북한이 월등 컸다는 점도 있지만, 미국과 미군에 대한 적개심을 고취하기 위한 교육을 미디어나 교육 기관을 통해 많이 받았을 테니 한국전쟁을 특히 잘 기억할 것이다.

한국전쟁은 남과 북의 주민 모두에게 반세기 넘게 이데올로기 교육의 최대 현장이었다. 한국전쟁이 반세기 넘게 이데올로기 전쟁터가 된 것은 남과 북이 각각의 체제를 정당화하는 데 활용하기 위한 점도 있었지만, 독재를 합리화하는 데 이용했던 면도 강했다.

한국전쟁과 6·25전쟁,
눈에 보이지 않는 또 하나의 이데올로기 전쟁터

—— 1950년 6월 25일에 발발한 전쟁은 여러 이름으로 불린다. 한국
과 일본 등에서 나온 책들의 제목만 살펴봐도 한국전쟁, 6·25
전쟁, 조선전쟁 등 여러 가지로 돼 있다.

1950년대에는 정부에서 낸 책에도 6·25동란, 6·25전란이라고
쓰여 있었다. 그러다 1960년대 언제부터인가 1990년대까지 국방부
에서 나온 책에는 대부분 한국전쟁으로, 문교부(교육부)에서 낸 책에
는 6·25전쟁으로 돼 있다. 오늘날 정부 간행물은 거의 다 6·25전쟁
으로 돼 있지 않나 싶다. 일본에서는 1980년대까지는 조선전쟁이 훨
씬 많았는데, 그 이후 한국전쟁이라는 제목이 붙은 책도 많이 나왔
다. 조선전쟁이건 한국전쟁이건 다 'Korean War'와 같은 의미로 붙
은 제목이다.

—— 책 제목에 따라 이 전쟁을 바라보는 시각이나 담고 있는 의미
가 다르다는 생각이 든다.

차이가 많다고 봐야 한다. 6·25전쟁은 6월 25일 전쟁이 일어
난 것을 대단히 중시한다. 그 반면 브루스 커밍스 같은 사람은 1950
년 6월 25일 이전 38선 부근에서 내전 상태라고 할 만한 크고 작은

전투가 계속 있었고 한국전쟁은 그것이 확대된 것으로 본다. 그렇기 때문에 6월 25일은 큰 의미가 없다고 주장한다.

6·25전쟁이라는 용어는 이승만, 박정희 반공 정부에서 북한에 대해 적개심을 고취하는 데 대단히 유용했다. 6월 25일에는 공산당에 대한 불타는 적개심을 가져야 한다는 웅변이나 표어가 많았다. 유신 시기에는 '때려죽이자 김○○'과 같은 섬뜩한 구호가 교실 안팎에 붙어 있기도 했다. '상기하자 6·25'가 대표적인 구호였는데, 이러한 점들도 6·25전쟁이란 용어를 선호하게 했다고 볼 수 있다.

—— 그런 면에서 6·25전쟁은 이념적 성격이 강한 용어로 보인다.

그런데 6·25전쟁이라고 하면 전쟁의 성격이 정확히 드러나지 않는 면이 있다. 6·25전쟁은 제1차 세계대전, 제2차 세계대전과 함께 세계 전쟁의 모습을 띠고 있다. '16개 참전국'이란 말이 예전에 많이 사용됐는데, 자유 진영에서 대표적인 나라가 모두 참전했다. 일본도 개입했다. 공산 진영의 경우 중국뿐만 아니라, 최근 자료가 말해주듯이 소련도 공군 중심으로 명백히 참여했다. 동유럽 국가들은 물자로 이 전쟁에서 북측을 지원했다.

이뿐만 아니라 이 전쟁에서 결정적으로 중요한 역할을 한 것이 미국과 중국이다. 화력 등 전쟁 물자도 그렇지만, 병력 측면에서도 주요 참전국들 중에서 두 나라가 압도적으로 많았다. 작전권도 두 나라를 대표하는 사령관이 가지고 있었다.

하지만 6·25전쟁이란 말 속에서는 남북이 중심이 되고 있고, 세계 여러 나라와 미국, 중국이 전쟁에서 한 역할이 부각되지 않는다. 우리 국사책에도 그렇게 서술돼 있다. 전쟁의 전개 과정이나 성

한국전쟁에 참전한 에티오피아 군인. 한국전쟁은 제1차 세계대전, 제2차 세계대전과 함께 세계 전쟁의 모습을 띠고 있었다. 예컨대 한국에 전투 지원을 한 나라만 16개국(미국, 영국, 터키, 캐나다, 호주, 프랑스, 네덜란드, 뉴질랜드, 남아공, 콜롬비아, 그리스, 태국, 에티오피아, 필리핀, 벨기에, 룩셈부르크)에 이르렀다.

격이 6·25전쟁이라는 단어에는 충분히 담겨 있지 않다.

── 한국(조선)전쟁이라는 용어는 어떠한가.

한국전쟁이라는 규정에는 세계 여러 나라가 한국에서 벌어진 전쟁에 참여했다는 점이 비교적 잘 드러나 있다. 또한 두 차례에 걸친 세계대전과 달리, 세계 여러 나라가 참전했는데도 전쟁은 한반도에서만 주로 진행돼 다른 나라에 있던 사람들은 전쟁의 피해를 보지 않고 한반도 주민 전체만 극심한 피해를 봤다는 특징도 잘 드러나 있다. 그러나 이 용어가 무언가 이질적인 느낌을 주는 것은 사실이다.

─ 어떤 용어가 좋다고 보는가.

한반도에 평화를 정착시키고 남북 협력 시대를 열려면 무엇보다도 냉전적 사고나 이데올로기를 말끔히 씻어내야 한다. 따라서 6·25전쟁이라는 단어에서 냉전 냄새가 물씬 나는 한 사용하는 것을 삼가는 것이 좋겠으나, 한국전쟁이라는 용어도 미흡한 점이 있긴 하다. 그렇기 때문에 더 적절한 용어를 찾아 합의를 보기 전에는 한국전쟁이라는 용어를 사용하면서 6·25전쟁도 병용하는 것이 좋겠다.

내전인가, 국제전인가
미국의 남북전쟁, 중국의 국공내전과 다른 점

─ 앞에서 국제전으로서 한국전쟁에 대해 이야기했다. 이와 달리 내전으로서 한국전쟁에 더 주목해야 한다는 의견도 그간 적잖게 나왔다.

1948년 남북 협상이 제기됐을 때 거의 모든 지지·지원 성명서에 빠지지 않고 나온 이야기가 있다. 남과 북이 현재와 같이 극단적으로 대립하면서 각각 정부 수립으로 나아가면 내전 같은 국제전, 외전 같은 동족상잔의 전쟁이 일어날 것이 불을 보듯 뻔하다는 주장이었다.

그렇지만 한국전쟁은 미국의 남북전쟁과 중국의 국공내전과는 성격이 다르다. 남북전쟁이나 국공내전은 내전의 성격이 분명했다.

또한 국민당과 공산당 사이에는 국경선과 비슷한 경계가 없었다. 한국전쟁의 경우 이와 달랐다. 38선은 우리 민족에게는 악마의 분단선으로서 하루빨리 없어져야 하는 것이었고, 한국인들은 38선이 결코 남과 북을 가르는 선이 돼서는 안 된다고 생각했다. 그렇지만 미국이나 소련, 유엔이 볼 때 38선은 국경선에 준하는 경계였다고 볼 수 있다. 따라서 38선을 넘으면 침략으로 규정될 수 있었다. 그리고 38선 자체가 우리로서는 대단히 기분 나쁘지만, 38선이 그어질 때부터 거기에는 국제적인 관계가 응축돼 있었다는 점에서도 단순히 내전으로 끝날 수는 없었다.

—— '북괴의 침략'이라는 말을 쓰지 않으면, 예전에는 잡혀가거나 좌경 용공 세력으로 매도당했다. 그런데 이승만 정권이 내세운 북진 통일론 역시 실행될 경우 침략이라는 점은 같았던 것 아닌가.

이승만 대통령은 1949년 2월 장면 주미 대사와 자신의 정치 고문 로버트 올리버에게 보낸 글에서 '허용하면 당장 넘어가서 파괴 분자를 벌하겠다'고 피력하고 미국 친구와 상관없이 우리 자신의 계획을 가지고 나아갈 결심이라고 밝혔다. 그리고 2월 18일에 평안남북도, 함경남북도, 황해도 등의 5도 지사를 임명했다.

이승만의 단정 운동은 소련과 북한에 대해 적대적이어서 전쟁을 치르지 않으면 통일을 할 수 없는 구조였다. 정부 수립 직후이건 1950년대건 한국인은 통일을 열망했고, 그것도 당장 통일이 되기를 바랐다. 이러한 상황에서 이승만 대통령이 내놓을 수 있는 통일 방법은 북진 통일 외에는 없었다.

1949년 7월에 들어서면 신성모 국방부 장관이 대통령의 명령을 기다리고 있으며, 하루 안에 평양, 원산을 점령할 수 있다고 호언장담했다. 이 대통령은 그해 9월부터 11월 사이에 여러 차례 북진 통일을 주장했다. 또 이승만 대통령은 1953년 휴전협정 체결을 앞두고 대대적으로 북진 통일 운동을 폈다. 북진 통일 운동은 이승만 정권이 붕괴할 때까지 계속됐다. 어떤 때는 당장 쳐들어갈 것처럼 말하기도 했다. 그렇지만 이승만 대통령은 북진이 침략이라고 생각하지 않았던 것 같다.

── 북한에서는 이 전쟁이 민족 해방 전쟁이라는 주장을 편다. 이 전쟁의 책임 문제와 관련해 예전에는 스탈린이 전쟁을 일으켰다는 주장이 많이 나왔다.

전형적인 냉전적 사고로 전통주의 시각이라고도 부른다. 그런데 진보적인 한 외국인 학자는 커가는 중국을 약화시키기 위해 스탈린이 이 전쟁이 일어나도록 했다는 논리를 펴기도 했다.

── 남한이 북한을 먼저 공격했다는 북침설을 적잖은 이들이 믿었던 때도 있었다.

러시아와 중국 등 옛 사회주의 국가에서는 냉전 시기에 모두 북침이라고 가르쳤다. 20세기 말까지 이 지역에서는 북침이 강세를 띠고 있었으나 점차 많이 바뀌었다. 그러나 학자 중에는 남침인지 북침인지는 중요하지 않다고 보는 사람들도 있다. 또 북침은 아니지만 미국이 유인했다고 보는 유인설은 아직도 한국전쟁 발발을 설명

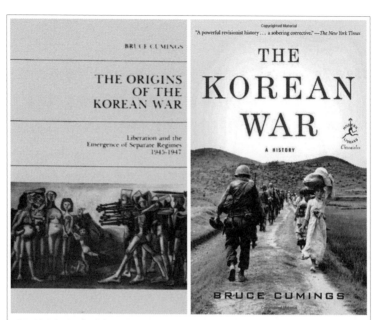

한국 현대사 연구의 개척자 브루스 커밍스가 펴낸 한국전쟁 관련 서적들. 커밍스는 1950년 6월 25일 이전 38선 부근에서 내전 상태라고 할 만한 크고 작은 전투가 계속 있었고 한국전쟁은 그것이 확대된 것으로 보았다.

하는 유력한 가설인 것 같다.

1950년 1월 12일 딘 애치슨 미국 국무부 장관이 한국을 미국의 방위선에서 제외한 것을 유인설로 설명하는 학자도 있고, 커밍스처럼 다른 견해를 가진 학자도 있다. 38선 이북 지역에서 대규모 군사 이동이 있었는데 도쿄의 더글러스 맥아더 사령부가 몰랐다는 것은 너무 이상한 것 아니냐, 왜 전쟁이 곧 일어날 것이라는 보고를 받고도 묵살했느냐, 전쟁 직전 남한에서 있었던 여러 현상이 이상하지 않느냐는 것이다. 그 시기 미국 고위층의 잇단 발언이나 행동도 무언가 석연치 않다는 주장도 있다.

— 전통주의와 다른 방식으로 이 전쟁의 발발 요인을 설명하는 흐름도 있다. 수정주의로 불리는 흐름이다.

전통주의는 모든 책임을 소련 등 공산권에 묻는데, 수정주의는 38선 획정에서 남북 대결에 이르기까지 미국에 많은 책임이 있다고 본다. 커밍스는 한국전쟁이 일어난 이유를 외부에서 찾아서는 안 된다고 강조했다. 그는 분단 문제를 중시했다. 커밍스는 한국 현대사 연구에서 대단한 개척자였지만, 이 점에서도 획기적이었다. 대개 외국인 학자들은 한국인의 통일 열망이라는 것을 이해하지 못한다. 한국의 역사도 잘 모르거니와 한국과 매우 다른 역사를 가졌기 때문이다.

유명한 마르크스주의 경제사학자 백남운의 말을 빌리지 않더라도 한국은 지구상에서 거의 유일하게 한 지역에서 한 민족이 하나의 국가를 발전시켰고, 그것도 고려 이후 계속 중앙 집권적으로 발전했다. 이런 역사는 다른 지역에서 찾아내기가 어렵다. 한국인은 1960년대까지 90퍼센트 이상이 반드시 통일을, 그것도 하루빨리 해야 한다고 생각했다. 1980년대에도 국민의 압도적 다수가 통일이 돼야 한다고 주장했는데, 외국인들은 도무지 이 점을 이해하지 못했다. 이 때문에도 한국 현대사나 한국전쟁에 대해 깊이 있게 인식하는 것이 쉽지 않았다.

전면전 추진한 김일성·박헌영,
전면전에 동의하며 중국 끌어들인 스탈린

── 북한은 언제부터 전쟁을 일으키려고 했나.

  북한 수상 김일성은 1949년 1월 1일 신년사에서 국토 완정과
조국 통일을 위해 궐기할 것을 호소했다. 이때쯤 북한이 내부적으
로 어느 정도 정돈됐을 것이다. 북한이 통일 문제를 전쟁으로 해결
하려고 하는 과정은 김영삼 대통령이 1994년 러시아에 갔을 때 러
시아 정부에서 건넨 문서에 잘 드러나 있다. 당시 러시아는 원문 그
대로 주지 않고 발췌·요약한 문서를 줬는데, 커밍스는 이 문서를 그
다지 신뢰하지 않더라.

  1949년 3월 모스크바에서 스탈린과 회담할 때 김일성은 무력
에 의한 조선 통일에 관해 소련 지도부의 의견을 물었다. 스탈린은
미군이 남한에 주둔하고 있는 점과 미국과 소련이 38선 분할에 합
의한 것을 상기시키면서 북한의 공세적 군사 활동은 남한의 침략을
격퇴하는 경우에만 있을 수 있다고 말했다고 한다.

── 미군은 1949년 6월에 철수한다.

  1949년 6월, 남한에서나 북한에서나 중요한 변화가 일어났다.
남한에서는 6월 5일에 국민보도연맹이 창설됐다고 공식화했고, 6월
6일에는 경찰이 반민특위를 습격해 친일파 청산을 불가능하게 했다.
6월 20일경부터는 김약수 국회 부의장, 소장파 의원으로서 반민특
위 특별 검찰부 차장으로 맹활약한 노일환 등을 체포하며 국회 프

1949년 3월 김일성, 박헌영, 홍명희 등 북한 대표단이 스탈린을 만나기 위해 크렘린궁으로 들어서고 있다. 이때 김일성은 무력에 의한 조선 통일에 관해 소련 지도부의 의견을 물었다.

랍치 사건을 본격적으로 터뜨렸다. 그걸 통해 제헌 국회를 무력하게 만들었다. 6월 26일에는 김구를 암살해 통일 세력을 위축시켰다. 또한 소련군이 1948년 12월 북한에서 철수해, 더 이상 남한에 머물기가 어렵게 된 미군이 약 500명의 군사 고문단만 남기고 6월에 철수했다. 미군 철수는 남북 관계에 큰 영향을 끼쳤다.

북한에서는 6월에 남북 로동당이 통합해 조선로동당이 됐다. 그렇지만 대외적으로는 비밀로 했다. 북로당 위원장은 김두봉이었지만, 조선로동당에서는 김일성이 위원장을 맡고 박헌영이 부위원장이 됐다. 또 남조선민주주의민족전선과 북조선민주주의민족전선이 통합해 조국통일민주주의전선으로 새로 발족했다.

── 이 무렵 빨치산도 남쪽으로 내려온다.

1948년 북한을 떠나기 전에 평양 시민들의 환송을 받으며 행진하고 있는 소련군의 모습. 소련 군은 그해 12월에 북한에서 철수했다. 이로 인해 더 이상 남한에 머물기가 어렵게 된 미군이 약 500명의 군사 고문단만 남기고 1949년 6월에 철수했다.

　　남한에서 빨치산은 1948년 이른바 2·7구국투쟁, 3·1기념투쟁 때부터 생기는데 처음에는 야산대라고 불렀다. 그러나 소수였고 활동이라고 할 만한 것이 없었는데, 10월 여순사건 이후 김지회 등이 반란군을 이끌고 지리산에 들어감으로써 본격적인 유격대 활동이 나타났다. 7~8월경부터 북한의 강동정치학원에서 훈련받은 유격대가 남한으로 내려와 오대산 지구, 지리산 지구, 태백산 지구로 나뉘었는데, 이현상이 이끄는 지리산 빨치산이 가장 유명했다. 빨치산은 9월 공세, 10월 공세 등을 연이어 폈지만, 동계 토벌 작전으로 1950년 봄이 되면 전멸하다시피 했다. 한국은 큰 산이 별로 없고 겨울에 추워 지리적으로 빨치산이 활동하기가 아주 힘들었다.

　　── 북한 지도부는 전쟁의 필요성을 이야기하며 소련의 동의를 구

1949년 박헌영의 결혼식에서 축사를 하고 있는 김일성. 왼쪽 두 번째에 앉아 있는 이가 소련 대사 테렌티 쉬티코프.

한다. 이 과정에서 소련은 중국을 끌어들인다.

이승만 정권이 북진 통일을 주장할 무렵 북한에서는 남측에 평화 통일 공세를 펴면서 무력 통일의 가능성을 소련에 타진한다. 1949년 8월 김일성과 박헌영은 테렌티 쉬티코프 소련 대사를 만나 대남 공격 준비의 필요성을 강조했다. 이들은 남한에서 봉기를 조직할 수 있는 능력을 갖췄다고 설명했지만 쉬티코프는 냉담한 반응을 보였다. 북한의 무력 통일 방안은 소련공산당 중앙위원회에 의해 한동안 주춤해졌다. 9월 24일 소련공산당 중앙위원회는 북한이 남한을 공격하는 것은 적절치 못하다고 밝혔다. 북한이 남한을 공격할 경우 미국이 이 문제를 유엔에 제기해 파병 승인을 받아낼 수 있다는 것이었다. 12월에 모택동(마오쩌둥)이 모스크바를 방문했을 때도 아무런 얘기가 없었다.

1950년에 들어서면서 북한은 다급해진 것 같다. 그해 1월 김일성은 스탈린 면담을 요청했다. 그리고 3월 말 김일성과 박헌영은 모스크바에 가서 4월 초 스탈린을 만났다. 스탈린은 국제 환경이 유리하게 변하고 있다면서 북한의 통일 과업 개시에 동의했다. 스탈린은 전쟁에 동의하면서, 이 문제의 최종 결정은 중국과 북한에 의해 공동으로 이뤄져야 한다고 강조했다. '공동'이란 말에 각별히 신경을 써야 한다. 중국의 동의 없이 전쟁을 일으켜서는 안 된다는 의미도 있지만 그보다 더 중요한 것이 있다.

── 무엇인가.

스탈린이 도대체 왜 중국의 '동의'를 그렇게 중요시했겠나. 동의는 단순히 동의에 끝나는 것이 아니었다. 이것은 만일 북한이 위기에 몰렸을 때 중국이 파병을 해야 한다는 뜻으로 해석될 수 있다. 스탈린은 무서운 사람이다. 자신(소련)은 빠지고 중국을 이 전쟁에 묶어놓으려고 한 것이 아니겠나. 그것이 무엇을 의미할까.

── 중국은 어떤 방식으로 동의했나.

이 부분은 중국 문서로도 공개됐다. 6월경 전쟁을 일으킬 계획을 세운 김일성과 박헌영은 5월 13일 북경(베이징)에 가 바로 모택동을 만났다. 모택동은 듣자마자 스탈린 본인의 설명을 듣고 싶다고 소련에 요구했다. 스탈린은 이때 필리포프라는 가명을 썼다. 필리포프는 특별 전문으로 자신은 통일에 착수하자는 조선 사람들의 제의에 동의하나, 중국 동지들이 동의하지 않는 경우에는 다시 검토할 때까지 연기해야 한다고 밝혔다.

5월 15일 모스크바에서 메시지를 받은 뒤 모택동은 김일성과 박헌영에게 미국이 일본군을 파병할 가능성에 대해 물었다. 김일성은 가능성은 있지만 그것이 상황을 결정적으로 변화시키지 않을 것이라고 답변했다. 모택동이 동의했고, 다음 날 김일성과 박헌영은 평양으로 돌아갔다. 소련에서 T-34 탱크 등 무기가 잇달아 북한에 들어왔다. 북한의 참모장이 소련의 알렉산드르 바실리에프 장군과 함께 공격 계획을 짰다.

미국의 신속한 참전
북한 지도부는 왜 오판했나

── 왜 6월 25일에 전쟁을 시작했나.

북한은 6월 하순에야 전쟁 준비를 마친 것 같다. 무엇보다도 남한에서 북한의 전쟁 준비에 관한 정보가 입수될 수 있다고 보았다. 날씨도 작용했다. 7월에는 장마로 접어드니 전쟁을 하는 데 어려움을 겪을 것 같았다. 그리고 다 알다시피 25일은 일요일 아니었나.

── 왜 1950년에 북한이 다급해졌나.

중국 영향이 컸던 것 같다. 인민해방군은 1949년 1월 말 북경에 들어왔다. 4월에는 양자강(양쯔강)을 도하해 남경(난징)을 점령했다.

그리고 10월 1일 천안문에서 중화인민공화국을 선포했다. 김일성은 만주에서 중국공산당 빨치산 부대에 있었다. 북한 지도층은 누구건 중국의 국공내전에 대단히 예민한 반응을 보였다. 그런데 중국 대륙이 공산당에 의해 통일됐으니 이것이 얼마나 북한 지도층의 가슴을 뛰게 했겠는가.

그것뿐만이 아니다. 인민해방군에서 장개석(장제스) 국부군과 싸우던 방호산 휘하의 제166사단과 김창덕 휘하의 제164사단이 1949년 7~8월에 북한에 들어왔다. 왜 들어왔겠나. 방호산 사단은 전쟁 초기에 서부 전선에서 신화를 남기는 유명한 부대다. 1950년 1월에는 임표(린뱌오)의 인민해방군 산하에 있던 약 1만 6,000명의 병력이 양자강을 건넌 후 북한으로 돌아갈 것을 원했다. 이 부대도 전쟁 초기에 주력 부대의 하나였을 것이다.

— 얘기를 들어보면 북한은 장마가 오기 전에 승리하려 한 것 같다. 북한이 초반에 승리할 것으로 판단한 근거는 무엇인가.

일부 연구자들은 1950년 5·30선거로 친이승만 정당인 국민당과 한민당의 후신인 민국당 후보자들이 가을바람에 낙엽 떨어지듯 우수수 떨어져 이승만 대통령의 권력이 약해진 점을 얘기하고 있다. 그러나 이승만 대통령은 국회가 반이승만 세력으로 돼 있다고 하더라도 대통령 권한 행사를 제대로 못할 사람이 결코 아니었다.

북한이 국군의 전쟁 수행 능력을 아주 낮게 보고 있었던 것은 틀림없다. 38선 일대에서 여러 번 교전이 있었는데, 국군이 별것 아니었다는 것이다. 그와 함께 북한은 전쟁이 일어나면 남한에서 봉기가 있을 것으로 예상했다고 한다. 그런데 이 부분이 문제다.

1949년 10월 1일 천안문에서 중화인민공화국을 선포하고 있는 마오쩌둥.

── 어떤 점에서 문제였다는 것인가.

남한에서 남로당은 거의 다 파괴된 상태였다. 여순사건으로 전 남도당이 와해되다시피 했는데, 가장 중요한 서울시당도 1949년 연말쯤에는 거의 파괴돼 있었다. 1950년 3월에는 남로당을 지휘하던 김삼룡과 이주하가, 5월에는 성시백이 체포됐다. 아까 말한 것처럼 빨치산도 1949년 겨울을 맞아 무력해져 있었다. 전쟁이 일어났을 때 어느 곳에서도 봉기라고 할 만한 것이 일어나지 않았는데, 실제 그 때문에도 박헌영은 하루빨리 자신의 세력 기반인 남한의 지하당을 다시 일으키려고 했을 것이다.

── 남한의 그러한 상황을 북한에서 정말 몰랐을지 의문이다.

그 점이 아주 이상하다. 박헌영은 분명히 알고 있었다. 김일성 쪽은 박헌영 측으로부터 과장된 허위 보고를 들었을 가능성이 높지만, 성시백과 같은 자신의 비선秘線을 가지고 있었는데도 몰랐다는 것은 잘 납득이 되지 않는다.

김영삼 대통령이 받은 러시아 문서에 따르면, 1949년 9월 툰킨 평양 주재 소련 공사가 자국의 지시에 따라 김일성과 박헌영을 면담했을 때 김일성은 봉기가 일어날지 자신하지 못하고 장기전이 될 경우 불리하다고 답변했다. 박헌영은 달랐다. 북한이 전쟁을 일으키면 남측에서 도울 것이고, 빨치산이 주요 항구를 점령할 수도 있다고 말했다. 다른 자료를 보면 전쟁을 일으켰을 때 북한 지도부는 봉기가 일어날 수 있다고 믿었던 것 같다.

나는 이렇게 본다. 분위기가 고조돼 흥분이 됐을 때는 냉정하게 판단하기 어렵다. 중국의 영향을 강렬히 받으며 들뜬 상태에서, 전쟁을 하면 순식간에 승리를 거두고 남한에서 봉기가 쉽게 일어날 것이라고 낙관한 것이 아니었을까.

── 미국의 참전 문제에 대한 오판도 빼놓을 수 없을 것 같다.

그야말로 결정적으로 잘못 판단한 것은 미국이 그렇게 빨리, 그렇게 대규모로 참전할 것이라는 점을 전혀 예상치 못했다는 것이다. 5월 15일 김일성과 박헌영이 모택동을 만났을 때 모택동이 미국의 직접적인 참전 가능성을 경계해야 한다고 말하자 김일성은 그럴 가능성이 거의 없다고 답변한 것으로 주은래(저우언라이)는 기억했다.

── 왜 그런 엄청난 오판을 저질렀나.

1950년 6월 26일에 열린 유엔 안전보장이사회 상임회의 모습. 유엔 안전보장이사회는 북한의 행위를 침략으로 규정하고 38선 이북으로 철거할 것을 요구했다. 이날 소련은 불참했다.

사실은 스탈린도 미국이 어떠한 반응을 보일지 잘 몰랐던 것 같다. 미국은 먼로주의라고 해서 아메리카 문제에는 직접적인 반응을 보였지만, 다른 지역에 군대를 보내는 문제에는 신중히 대응했다. 제1차 세계대전의 경우 막판에 참전했고, 제2차 세계대전에서도 유럽 전쟁에 바로 참전하지 않았다. 이것은 먼로주의 때문은 아니었다. 루스벨트 대통령은 미국인이 일치단결해 참전해야 한다고 판단했다. 그렇지만 제2차 세계대전이 일어났을 때 미국에는 친독파도, 친일파도 있었다. 그래서 일본이 곧 전쟁을 일으킬 것을, 그것도 미국 태평양 지역 해군이 첫 번째 타격 목표일 수도 있다는 점을 알고 있었는데도, 일본이 진주만을 기습하기를 기다렸다는 주장이 있다. 이것이 유인론이다. 알고는 있었지만, 모든 미국인을 분노로 떨쳐 일

1949년 12월 스탈린의 70세 생일 축하연. 마오쩌둥의 모습도 보인다. 스탈린은 미국이 한국전쟁에 어떠한 방식으로, 얼마만한 규모로 관여할지를 주목하면서 한반도를 시험장으로 생각했다.

어나게 하기 위해 그렇게 했다는 주장이다.

북한 지도부가 잘못 판단한 제일 큰 이유는 미국이 중국의 국공내전에 직접적으로 참전하지 않았기 때문일 것이다. 미국은 무기 등 엄청나게 많은 물자를 중국에 항공기 등으로 보냈지만, 지상군을 보내지는 않았다. 내전이었기 때문이고 장개석과 국부군에 대한 미국의 여론이 나빴던 것도 한 요인이었을 것이다.

— 미국은 어째서 한국전쟁에는 그렇게 빨리, 그토록 많은 군대를 보냈나.

두 가지 큰 이유를 들 수 있다. 하나는 38선의 성격이다. 38선을 넘은 것을 미국에 대한 공격으로 판단했다. 둘째는 미국이 '중국 대륙을 잃은 것'은 보수 반공 세력에게 큰 정신적, 심리적 부담을 안

겼다. 그래서 한국전쟁이 나기 이전부터 미국은 롤백rollback 작전을 기획하고 있었다.

— 소련은 유엔 안전보장이사회 상임이사국이다. 스탈린이 이 지위를 적극 활용했다면, 미국이 여러 나라를 모아 유엔의 이름으로 참전하기 어려웠을 수도 있다.

스탈린은 중화인민공화국이 중국을 대표하는 국가이므로 대만을 대신해 안전보장이사회 상임이사국이 돼야 한다고 주장했다. 주장이 받아들여지지 않자 항의 표시로 1950년 초 유엔 주재 소련 대사를 철수시켰다. 문제는 6월 25일 이전에 유엔 대사를 복귀시켜야 하지 않았느냐는 것이다. 미국이 참전할 경우 유엔의 이름으로 할 것임을 소련은 모르지 않았다. 1949년 9월 소련공산당 중앙위원회는 북한이 남한을 공격할 경우 미국은 북한의 침략에 대응하는 문제를 유엔에 제의할 것이라고 예견했다. 스탈린은 한국전쟁과 소련은 아무런 관련이 없다고 잡아떼기 위해서 그랬겠지만, 나는 스탈린에게 미국의 반응을 시험하려는 의도가 있었다고 본다.

제2차 세계대전 이후 미국과 소련은 그리스, 터키 등 여러 곳에서 '충돌'했지만, 두 초강대국의 영향권을 변경시킬 수 있는 큰 사건은 없었다. 스탈린은 미국이 한국전쟁에 어떠한 방식으로, 얼마만한 규모로 관여할지를 주목하면서 한반도를 시험장으로 생각했다. 북한이 리트머스 시험지가 된 것이다. 스탈린은 정말 냉혹하기 짝이 없는 무서운 사람이었다.

국민을 버리고 도망간 대통령
"잘한 게 없다"

한국전쟁, 두 번째 마당

김 덕 련 한국전쟁과 관련해 이승만 전 대통령의 업적을 인정해야 한다는 의견을 때때로 듣는다. 한국전쟁 때 공산군을 물리치지 못했다면 자유민주주의를 누리며 북한보다 훨씬 잘사는 오늘의 한국은 없었을 것이고, 따라서 전쟁을 겪으면서도 국가를 유지한 '국부 國父' 이승만 전 대통령의 공이 크다는 의견이다. 온라인 공간에서는 적화 통일을 막아낸 이 전 대통령에게 감사해야 한다는 의견도 접할 수 있다. 단정 수립이 그 당시 현실적으로 올바른 선택이었다는 주장과 맥이 닿는 의견이다. 더불어 미국에 감사해야 한다는 이야기를 하는 이들도 적지 않다.

서 중 석 한국전쟁엔 특이한 면이 있다. 피스톤 전쟁, 대패 전쟁이라고도 불렸는데 뭐냐 하면 불쑥불쑥 밀고 당기는 식의 전쟁이었다. 국군과 유엔군이 순식간에 낙동강 안쪽 경상도 귀퉁이만 빼놓고 다 밀려난 적이 있는가 하면, 한때는 압록강과 두만강까지 북한이 일패도지해서 밀려났다. 그랬다가 또 그렇게 막강하다는 미군이 중국군한테 그야말로 어떻게 패했는지 알 수 없을 정도로 동계 전투에서 대패하고 한강 이남으로 밀리는 일이 생겼다.

바로 이런 점 때문에도 굉장히 큰 희생이 일어나게 된 거다. 그런데 이 전쟁을 가만히 보면, 이승만 정권이나 미국이 제대로 대응했다면 전쟁이 중부 전선에 머물 수 있지 않았을까 하는 생각이 든다. 그랬으면 그렇게까지 큰 피해는 없었을 것이다. 엄청난 규모의 주민 집단 학살이나 동족상잔도 훨씬 줄어들었을 것이다. 그러면 전혀 다른 의미의 한국전쟁으로 기억됐을 것이다. 그러나 이승만 정권이나 미국의 대응엔 문제가 많았다.

1951년 대구 순시를 위해 공항에 나온 이승만 대통령 내외. 이승만 정권이나 미국이 제대로 대응했다면 초기에 전쟁이 중부 전선에 머물 수도 있었다. 사진 출처: e영상역사관

—— 미국의 대응에서 어떤 점이 문제였다고 보나.

1950년 5월 하순부터 6월 25일까지 북한에서 군과 물자가 집중적으로 이동했다. 그런데 왜 미국이 이에 관한 정보 보고를 중시하지 않았는지 의문이다. 그 보고를 중시하고 잘 대응했다면 미국은 전쟁을 미연에 막거나 전쟁 초기에 크게 피해를 줄일 수 있지 않았을까? 물론 적극 참전한 건 다 인정하고 중시한다. 그건 미국 역사에서도 드문 일이었다. 한국전쟁에 굉장히 빠른 속도로 참전했다.

미국은 6월 25일 10시 26분 존 무초 주한 미국 대사의 보고를 받고, 소련의 사주에 의한 전쟁으로 단정했다. 26일 유엔 안전보장이사회는 북한의 행위를 침략으로 규정하고 38선 이북으로 철거할 것을 요구했다. 미국이 해군, 공군을 즉각 투입하겠다는 결정을 내린 27일, 유엔 총회는 남한에 군사 원조를 제공할 것을 결의했다. 이날 미국 극동사령부는 수원에 전방 지휘소를 설치하고 일본 규슈에 주둔한 미국 공군을 전선에 투입해 28일부터 한강 북안을 폭격했다. 같은 28일에 순양함 쥬니브호를 동해로 파견해 포격함으로써 인민군의 남진을 어렵게 했다. 6월 30일 미국은 지상군 파견을 결정했다.

7월 4일경부터 7함대가 이동해 사실상 제해권을 장악했다. 7월 7일 유엔 총회에서는 유엔군연합사령부를 설치할 것을 결정했다. 이처럼 미국이 빠른 속도로 개입하지 않았더라면 대한민국 정부는 붕괴할 수도 있었다.

── 이승만 정권의 초기 대응은 어땠나.

난 이승만 대통령이 잘한 것처럼, 한국전쟁에서 뭔가 한 것처럼 일각에서 이야기되는 걸 도무지 이해할 수가 없다. 이승만 정권은 미국과 비교할 수도 없을 만큼 엄청나게 문제가 심각했다. 초기의 패배에 대통령 책임이 너무나 컸다. 또 대통령의 도피 같은 것이 장병 사기에 어떤 영향을 줬느냐 하는 걸 충분히 고려해야 한다.

이 대통령은 1949년 2월경부터 북진 통일을 주장했다. 특히 1949년 9∼10월에 아주 강하게 주장했다. 그러면 북한이 쳐들어올 것에도 대비하고 국방력을 강화하려는 노력을 했어야 하는 것 아닌가. 그런데 전쟁 전후에 일어난 일을 보면 너무 어이없는 게 많았다.

전쟁 초기 북한군의 행진 모습.
북한의 병력은 그리 많지 않아서 초기에 이기지
못하면 불리한 상황에 처하게 돼 있었다.

46

국군이 행군하고 있는 모습.
전쟁 직전 대통령과 국방부 장관은 북한이
곧 쳐들어올 거란 얘기까지 했으면서도 전혀
대비하지 않았다.

'이상한 전쟁'
납득되지 않는 수뇌부의 잇단 실수

── 어떤 점에서 그러한가.

대부분의 전사 연구가들은 전쟁이 일어났을 때 북한이 병력면에서 약간 많았던 건 사실이지만 아주 많았던 걸로 보진 않는다. 전투에 투입될 수 있던 인원을 이것저것 다 합쳐도 북한군은 20만 명을 못 넘었다. 정병준 교수의 최근 저서에는 지상군이 남한의 경우 육군 9만 4,373명, 예비군 3만 7,326명, 경찰 4만 8,273명으로, 북한의 경우 육군 13만 1,000명, 경비대 4만 2,000명으로 거의 비슷하며, 해군과 공군은 북한이 많지만 양쪽 다 아주 약했던 것으로 나와 있다.

내가 하려는 이야기는 교과서가 일부 잘못돼 있고 많은 사람에게 잘못된 관념이 있다는 것이다. 전쟁이 일어났을 때 양쪽 병력은 그리 많지 않았다. 지금 기준으로 보면, 대단히 적었다. 더구나 현대전에서 상대방을 제압하려면 공격 병력이 3배 많아야 한다는 것이 정설인데, 북한의 병력은 그리 많지 않았다. 초기에 이기지 못하면, 그것도 순식간에 이기지 못하면, 나중에 낙동강 전선에서 10만 주력이 거의 다 파괴된 이후의 상황이 말해주듯이 북한은 빠른 속도로 패배하게 돼 있었다. 이상한 전쟁이었다. 이야기하지 않았나. 톱질처럼 그랬다고. 그렇기 때문에 초기 공격만 잘 막아내면 그다음부터는 북한이 맥을 못 추게 돼 있었다.

초기에 북한은 자주포라든가 전차를 갖고 있었고 그 점에서는 월등 우세했다. 그렇지만 소련이 제공한 야크기는 성능이 아주 나빴다. 7월 초순을 지나면서 제공권은 미군이 완전히 장악했고, 인민군의 이동이나 전쟁 물자 운반이 매우 어렵게 됐다. 북한군은 조금 있으면 밤에 주로 움직여야 했다. 이런 여러 가지를 검토해볼 때 북한의 우세는 여러 측면에서 제한적인 면이 있었다는 것이다. 우리나라는 산악과 하천이 많기 때문에 전차가 움직이기 어렵고 시설만 제대로 해놓으면 방어하기가 아주 좋게 되어 있다. 그런데 방어 시설을 잘 갖췄나? 이런 데서도 문제가 많았다.

전쟁이 일어났을 때 장병의 3분의 1(2분의 1이라는 기록도 있는데 이건 믿기 어렵다)이 휴가 상태였다고 기록돼 있다. 그 전날 육군회관 낙성식을 해가지고 주요 장교들은 술에 흥청망청 녹초가 된 채 일요일을 맞이한 걸로 돼 있다. 그것 말고도 군 일각에서 '대전차 방어 시설을 해야 한다'고 했는데도, 제대로 안 했다. 전쟁 직전 대통령과 국방부 장관은 북한이 곧 쳐들어올 거란 얘기까지 했다. 그랬는데도, 대비했다고 볼 수 있는 게 별로 없다.

—— 이승만 정권이 스스로 공언한 만큼만이라도 대비했으면 전쟁은 매우 다른 모습이었을 것 같다.

대비를 충분히 했다면 전투 양상이 전혀 달랐을 것이다. 개전 직후 중부 지방으로 북한군 2개 사단이 내려왔는데, 우리 6사단이 상당히 효율적으로 잘 막았다. 오히려 초반전엔 인민군 1개 연대를 패주하게 하고 자주포와 전차를 파괴하는 등 승리를 거뒀다. 동부 전선에서도 인민군 5사단 및 해군 특전단에 맞서 국군 8사단이 효과적으로 강릉을 방어했다. 그리하여 7월 1일 이전까지는 북한이 중부 전선으로 내려오는 걸 저지했다.

이 점과 관련해 중대한 지적이 나왔다. 뭐냐 하면 6월 28일 서울을 점령한 북한군이 왜 3일간이나 머물다가 7월 들어 남하했는가 하는 것이었다. 이 문제가 1990년대 들어 제기됐다. 국군 고급 지휘관이 쓴 저서에도, 미군이 본격적으로 들어오기 전이고 국군이 전열을 가다듬을 수 없었던 이 3일간이 지극히 중요한 순간으로 쓰여 있다.

그런데 당시 인민군 영관급이었던 사람이 '북한은 전쟁을 개시할 때는 제한전을 의도했다'고 주장하면서 학계 상당수가 제한전 논쟁에 들어갔다. 일각에서는 북한군이 3일간 머문 것은 도하 장비가 부족했기 때문이라고 주장했으나, 국군 6사단이 중부 전선에서 승리한 것이 북한군이 서부 전선과 중부 전선에서 합동 작전을 펴는 것을 어렵게 했다는 주장이 설득력 있는 논리로 등장했다. 6사단 때문에 3일간 기다렸을 것이라는 주장이었다. 그러니 서부 전선에서도 패배가 당연한 것만은 아니었다.

북한의 군대가 많지 않았기 때문에, 전쟁 대비를 어느 정도라도 잘했더라면 그렇게 쉽게 붕괴하다시피 하지는 않았을 것이라는 점을 생각해볼 수 있다. 그런 노력을 했나? 너무나 문제가 많았다고 당시 지휘관은 물론 많은 군사 전문가가 이구동성으로 이야기하지 않나.

―― 이해하기 어려운 일들이 이 시기에 잇달아 일어났다. 왜 이런 이상한 일들이 일어났나.

장교들을 잇달아 인사 이동시킨 것도 문제지만, 특히 사단장 교체는 참으로 이해하기 어렵다. 전쟁이 일어나기 직전에 주요 사단장을 교체했다. 당시 국군의 편제를 보면, 전쟁 초기에 사단장의 역할이라는 건 굉장히 중요했다. 사단이 제대로 살아남아 싸우느냐, 전투 한 번 제대로 치르지 못하고 뿔뿔이 흩어져버리느냐 하는 상황이 아니었나.

그런데 2사단장이던 이형근(일본군 장교 출신으로 국군 군번 1번) 스스로 회고록에서 밝혔듯이, 전쟁 직전 정말 이상하게도 사단장을 교체해 신임 사단장들이 자기 사단을 장악하지 못한 상태에서 전쟁을 맞았다. 그것도 전후방 사단장의 대규모 인사 교류였다. 전방의 작전 지형에 생소한 후방 사단장들이 전방에 배치된 것이다. 이형근은 6월 10일 갑자기 대전에 사령부를 둔 2사단으로 전속을 하라는 발령을 받았다. 그러고 나서 이형근은 6월 25일 오전 10시에 제2사단을 시급히 의정부로 집결하게 하라는 지시를 받았다.

이런 것들 때문에, 일부 학자는 남한의 최고 요직을 맡고 있던 사람 중에 간첩이 있었던 것 아니냐는 주장을 하기도 했다. 그렇지 않으면 어떻게 이런 이상한 현상이 같은 시기에 잇달아 일어날 수 있느냐는 거였다.

이승만의 사람들…
'낙루' 국방부 장관과 '북어 사건' 총참모장

── 그런 의문은 여전히 온라인 공간에서 회자되고 있다.

그런 점 못지않게 대통령이 국방부 장관이나 총참모장(지금의 참모총장)에 어떤 사람을 썼는가 하는 것이 중요하다. 사람을 제대로

1951년 6월 이승만 대통령(오른쪽)이 신성모 신임 주일 대표(공사)에게 임명장을 수여하고 있다. 국방부 장관 시절 신성모는 전쟁이 나면 점심은 평양에서, 저녁은 신의주에서 먹을 수 있다고 말한 사람으로 알려져 있다. 사진 출처: e영상역사관

쓰느냐에 따라 국방 차원에서 대비를 잘했는지가 결정되는 걸로 볼 수 있다. 하지만 전혀 그렇지 않았다.

국방부 장관이던 신성모는 군 경력이 전혀 없던 사람이었다. 다만 영국 상선의 선장은 했다. 북진 통일을 한다고 할 때 이 사람은 국회에 나와 '5,000톤 배 하나 주면 공산당을 다 치고 바다를 다 치겠다'는 호언장담까지 했다. 또 전쟁이 나면 점심은 평양에서, 저녁은 신의주에서 먹을 수 있다고 말한 사람으로 알려져 있다.

이 대통령은 그런 흰소리를 하는 사람을 국방부 장관에 앉혔다. 그 이전엔 내무부 장관을 맡겼고, 1950년에 들어서는 국무총리 서리에 앉혔다.

신성모 같은 사람이 요직을 맡을 수 있었던 건 '낙루落淚 장관'

이었기 때문이다. 이 대통령 노인네가 하문下問을 하면, 그 당시엔 하문이라고 했는데, 신성모는 눈물을 주르륵 흘렸다. 이승만 정권 때는 이런 '낙루 장관', '지당至當 장관'이 많았다. 대통령이 방귀를 뀌니까 장관이 '각하, 시원하시겠습니다'라고 아첨했다는 이야기도 널리 전해 오지 않나.

하여튼 이 대통령은 군에 대해선 아무런 능력도 없는 '낙루 장관'을 국방부 장관에 2년 넘게 앉혀놓았다. 전쟁이 일어난 후에도 상당 기간 동안 신성모를 두둔하고 해임하지 않았다. 1951년 들어 거창 민간인 학살 사건, 국민방위군 사건이 논란이 되면서 이시영 부통령이 사임하고 국회에서도 세게 나오고 그러니까 대통령은 할 수 없이 신성모 장관을 해임했다. 그러고 나서 또 요직인 일본 주재 대표를 시켰다. 요즘 인사 문제가 자꾸 거론되는데, 이승만식 회전문 인사였다.

총참모장 채병덕도 마찬가지였다. 군번 2번으로 이형근과 사이가 나빴던 채병덕은 이형근처럼 일본군 장교 출신인데, 일제 때 병기 담당 장교로 있었고 야전군을 맡아본 적이 없다. 후방 일을 해서 작전 자체를 잘 모르는 사람이다.

채병덕도 신성모 못지않게 이승만 개인에 대한 충성파였다. 국회 프락치 사건에서 중요한 역할을 하기도 하고, 김구 암살 사건에도 연루돼 있다고 많은 사람이 쓰고 있는 인물이다.

채병덕은 1949년에 총참모장이 됐다가 몇 달 후 '북어 사건'으로 해임됐다. 당시 38선에선 남북 간 물물 교환이 많았다. 거기서 나온 돈을 장교들이 얻어 쓰기도 하고 군에서 필요한 비용으로도 쓴 모양이다. 그 과정에서 북어 사건이 터졌는데, 사단장이던 김석원이 '채병덕 총참모장이 북한과 물물 거래를 하는 데 관여한 것 아니냐'고 맹렬히 공격하고 대통령에게 항의했다. 그래서 할 수 없이 대통령은 채병덕과 김석원, 두 사람 다 물러나게 했다. 1949년 10월, 채병덕은 그렇게 해임되고 예편됐다. 그런데 두 달 후, 대통령이 채병덕을 현역으로 복귀시켰다. 그러고는 하필이면 전쟁 나기 두 달 전인 1950년 4월에 다시 총참모장을 시켰다. 그러다 전쟁이 터졌는데, 채병덕은 작전을 제대로 펼친 게 없다.

먼저, 몰래 달아나고 또 달아나며
국민에겐 거짓말 방송

── 인사가 만사라는 말이 떠오른다. 전쟁이 터진 다음 이승만 대통령은 어떤 행동을 취했나.

대통령은 또 어땠나. 전쟁이 났을 때 이 양반은 그야말로 완연히 노인네 모습이더라. 물론 이분도 전쟁을 이끈 경험이 있을 수가 없다. 국가의 중요한 장 자리도 1945년 이전엔 맡을 수가 없지 않았나. 행정 경험, 전쟁 경험 같은 게 없거나 아주 약할 수밖에 없는 점은 이해가 간다.

그래도 대통령이란 건 굉장히 소중한 자리다. 전쟁이 발발했으면 즉각 비상국무회의를 소집해서 대책을 세웠어야 하는 거다. 전쟁 수행을 위해 풀어야 할 문제가 아주 많고 국민들에게 해야 할 조치가 있는 것 아닌가. 그런데 6월 25일 일요일 당일엔 국무회의 같지도 않은 국무회의, '간담회'라고 불리는데 그걸 열었을 뿐이다. 거기서 서로 잡담 비슷한 걸 한 걸로 돼 있지, 대책다운 대책을 논의하거나 세운 게 없다.

대통령은 6대 독자라 그런지 자기 목숨을 굉장히 중시했던 분 같다. 그날(6월 25일) 밤이 되니까 불안해졌는지, 피신하겠다고 했다. 무초 주한 미국 대사가 오니까 무초 대사에게 '피신했으면 좋겠다'는 이야기를 계속 했다. 내가 얼마나 중요한 자리에 있는지 아느냐, 내가 없으면 이 나라 큰일 난다는 식의 이야기였다. 무초 대사가 오히려 말렸다. '당신이 피신하면 군은 붕괴한다. 모든 방어 능력을 상실한다. 당신이 지켜야 한다. 우리가 당신을 보호해주겠다'고. 다른 사람들도 말렸다. 그래서 그날은 이 노인네가 안 움직였다.

그다음 날은 월요일이니까 제대로 된 국무회의도 열고 대책을 세웠어야 했다. 전황이 어떻다고 알리는 방송이라도 했어야 했다. 프랭클린 루스벨트 대통령은 1941년 진주만 기습 사건이 나니까, 미국 사람들을 단결하게 하는 유명한 연설을 하지 않았나. 마찬가지로 전쟁이 일어났으면 이 대통령도 국가 원수로서 국민한테 '어떻게 대비해야 한다. 정부는 어떻게 해나가겠다' 하는 연설을 바로 했어야 하는 거다. 그런데 아무 말도 하지 않았다.

신성모 장관과 채병덕 총참모장은 계속 '우리가 이기고 있다'는 헛소리를 했다. 그런 헛소리를 듣고 6월 26일 밤에 열린 심야 국회에서 국회의원들은 수도 사수를 결의했다. 뭐가 어떻게 돌아가는지 전혀 모르고 그러한 결의를 한 것이다. 그런데 비슷한 시간에 열린 비상 국무회의에서는 상황을 어느 정도 알고 있어서 수원 천도 결정을 내렸다.

이런 상황에서 이 대통령은 6월 27일 새벽 2~3시경 서울역에 비상 열차를 세워놓고 거기 타버렸다. 서울을 떠난다는 이야기를 장관들에게도, 군 수뇌부한테도, 국회에도 일체 안 하고 혼자 가버렸

경향신문, 동아일보 1950년 6월 27일 자 신문. "찬(燦)! 아군 용전(勇戰)에 괴뢰군
전선서 패주 중"(왼쪽), "국군 정예 북상 총반격전 전개"(오른쪽)란 제목이 크게 적혀
있다. 나중에 크게 논란이 일게 되는 "해주시를 완전 점령"(오른쪽) "일부는 해주시에
돌입"(왼쪽)이란 제목도 눈에 띈다. 국방부 발표문을 토대로 보도한 이 기사들은
사실상 거짓이었다. 이 내용을 보고 피란을 가지 못한 사람들도 있었다. 하지만 이승만
대통령은 27일 새벽 이미 국민을 버리고 서울을 떠나고 없었다.

서울에 입성한 인민군의 모습. 이승만 대통령은 국민들보다 먼저 서울을 떠났다. 자신은 도망을 가면서도 우리가 이기고 있으니 안심하고 있으라는 거짓말 방송을 몇 차례나 내보냈다.

다. 주한 미국 대사에게도 얘기하지 않았다. 군 수뇌부와 주무 장관한테는 마땅히 얘기를 해야 하는 것 아닌가. 그래야 대책을 세울 수 있는 것이다. 비밀이 새 나갈까 걱정돼서 그랬는지 몰라도, 다른 누구한테도 얘기 안 하고 비서진한테만 얘기해서 그 열차를 끌고 대구까지 내려갔다. 그런데 너무 멀리 왔다고 생각했는지, 이번엔 다시 대전으로 올라갔다.

— 이때까지 국민들은 대통령으로부터 어떤 설명도 들을 수 없었다.

대전으로 피신하고 나서 처음으로 대통령이 방송국 책임자를 불러 자기 말을 전국 방송으로 내보내게 했다. 거기서 녹음한 거다.

우리가 이기고 있으니 안심하고 있으라는 그 유명한 거짓말 방송을 6월 27일 밤 10시에서 12시 사이에 몇 차례 내보냈다.

하지만 이미 그땐 미아리 근처에서 쿵쾅거리고 있었다. 인민군이 거기까지 내려온 거다. 오죽하면 '이 방송, 이대로 안 된다'고 해서 27일 자정쯤 방송국에서 꺼버렸겠나. 전쟁이 나고 나서 처음으로 나간 대통령의 방송이 그랬다. 대통령이 그렇게 무책임할 수가 없었다. 이 때문에 국민과 국회가 분노했다. 국회는 6월 30일 이승만 대통령에게 사과 발표를 할 것을 결의했으나 일언지하에 거부당했다. 그 후 국회의원 85명의 연서로 전쟁 초기의 책임을 물어 국무위원 전원의 사직 권고안이 제출됐는데, 신익희 의장의 만류로 보류됐다.

대통령의 거짓말 방송 직후인 6월 28일 새벽 2시 30분에 한강 다리가 폭파됐다. 나중에 한강 다리 폭파의 책임을 지고 공병 책임자가 처형됐지만, 사실은 그 윗선에서 지시한 일이었다. 이것 때문에 수많은 사람이 피란을 못 갔다.

'잔류파'의 슬픈 수난
'도강파'의 '부역자' 만들기

─ 피란을 못 간 서울 사람들은 어떻게 되었나.

이때 도강파와 잔류파가 생겼다. 눈치 빠르고 영악한 사람들은 재빠르게 한강을 건넜는데, 국방부 선전과 대통령 담화를 듣다가 한강 인도교까지 끊기자 서울 시민 대다수는 피란을 못 갔다. 전자를 도강파, 후자를 잔류파라 불렀는데, 잔류파는 석 달 동안 고생하

1950년 9월 서울 수복 직후, 미군과 한국군이 지켜보는 가운데 한 주민이 인민군 부역자를 폭행하고 있다. 피란을 가지 못한 주민들은 어쩔 수 없이 부역자가 되기도 했다.

고 굶주리면서 어쩔 수 없이 부역자가 됐다.

　도강파는 당국과 함께 9월 28일 서울이 수복되자마자 잔류파를 부역자로 몰아세웠다. 각계에서, 각 단체마다 도강파가 잔류파를 닦달하고 심사했다. 국회에서도 그랬고 심지어 학계, 문화계에서도 도강파 때문에 견디기가 어려웠다. 도강파는 문단, 악단, 화단, 가요계 등에서 잔류파를 몰아내고 헤게모니를 장악했다.

　전쟁이 끝나고 한참 후에도 도강파는 툭하면 6·25 때 일을 들춰내기 일쑤였고, 멀쩡한 사람을 '병신' 만들기가 다반사였다. 서울 시민들이 선거 때 이승만과 자유당에 싸늘한 시선을 보낸 것은 이 문제와도 무관하지 않은 것 같다.

— 대전에서 이 대통령은 다시 보따리를 쌌다.

이승만 대통령은 대전에 가서 비상 국무회의를 주재하다가 7월 1일에 또 피신했다.

전선이 위태로웠던 것은 사실이다. 인민군은 7월 5일 오산에서 스미스 특수 임무 부대를 패배시켰다. 7월 10일에서 11일 사이에 미군 24사단 21연대가 천안 부근 전의에서 붕괴했다. 그렇지만 대전이 함락되는 건 7월 20일이다. 그러니 적어도 7월 10일 이전에는 그렇게까지 위태롭다고는 볼 수가 없었다.

피신할 준비를 하더라도, 7월 초까지는 대통령이 전체 상황을 파악하면서 했어야 하는데 그렇게 하지 않았다. 7월 1일 새벽 3시에 이번엔 대구 쪽으로 가면 게릴라 같은 게 있다는 이야기를 들었는지, 호남선을 타고 목포로 갔다. 그러고 나서 목포에서 또 배로 부산까지 갔다. 노인네로서 무척이나 길고 힘든 여행이었다. 이렇게 대통령은 전쟁 났을 때 피신만 하고 다녔다.

전선에선 피 흘리는데
영구 집권 위해 우격다짐 개헌

— 대통령이 그러는 동안 국민들은 커다란 고통을 겪었다.

대통령은 6월 28일에 비상조치령을 내렸다. 긴급 명령 제1호인데, 굉장한 엄벌주의였다. 2심, 3심을 거치지 않고 단심 재판으로 증거 없이 처단하고 대부분 사형 등 중형을 부과하도록 했다. 이것 때

경남 거제도에서 피란지를 살피고 있는 이승만 대통령. 이승만 대통령은 전쟁 중에 국민을 돌보지 않은 무책임한 정치인이었다. 사진 출처: e역상역사관

문에 '부역자'들이 참 많이 죽었다.

그에 더해 6월 말 이후, 대개 7월 초부터 국민보도연맹원과 요시찰인에 대한 전국적인 학살이 자행돼 8월 중순까지 계속됐다. 또 형무소에서도 대량 학살이 자행됐다. 거창, 산청, 함양, 남원, 고창, 함평 같은 지역에서 11사단을 비롯한 국군에 의한 큰 규모의 학살도 일어난다. 이런 것도 최종 책임은 대통령한테 갈 수 있다. 대통령이 어떻게든지 관민을 화합하게 하지 않고 엄격주의, 처벌주의로 간 것이다. 대규모 학살이 일어날 수 있었던 바탕에는 그런 분위기가 있었다.

1951년 피란지 부산에서 개회된 국회에 참석한 이승만 대통령. 사회를 보는 이는 신익희 2대 국회의장. 이승만 정권은 땃벌떼, 백골단, 민중자결단 등을 동원해 국회를 협박하고 공갈을 일삼았다. 사진 출처: e역상역사관

—— 이 시기 국회는 이승만 정권과 다른 모습을 보였다.

국회는 인권 유린을 막고자 굉장한 노력을 한다. 사형私刑금지법을 통과시키고 대통령의 비상조치에 관한 개정 법률안, 뒤이어 폐지 법률안을 통과시켰다. 그때마다 대통령은 거부권을 행사했다. 그런 식으로 국회랑 사사건건 맞서다가 거창 사건, 국민방위군 사건이 터지는 거다.

전쟁에서 가장 중요한 국면이라고 볼 수 있는 1950년 6월 25일부터 거창 민간인 학살 사건과 국민방위군 사건을 처리하는 1951년 봄까지, 대통령이 적절하게 전쟁을 수행했나? 그렇지 않다. 말도 안

1952년 6월 국회 해산을 요구하는 지방의회
의원들이 철야 농성을 벌이고 있다. 이
의원들은 1952년 대한민국 최초로 실시한
지방선거에서 당선된 사람들로 대부분 자유당
쪽 사람들이었다. 이승만 정부 편에 서서 국회를
압박하는 역할을 했다. 사진 출처: e영상역사관

되는 짓을 했다. 대통령답게 일한 게 과연 얼마나 있나? 그리고 전쟁을 주도적으로 수행한 건 누가 봐도 미군, 즉 유엔군 이름으로 싸운 미군이다. 절대적으로 그렇다. 이 대통령이 한국전쟁에서 후세에 좋게 기억될 만한 것을 한 게 있나? 그런 건 없다.

—— 그 와중에 대통령은 우격다짐으로 헌법까지 고쳤다.

이 대통령은 권력을 강화하고 영구 집권을 꾀하기 위한 정치 파동을 일으켰다. 거창 민간인 학살 사건, 국민방위군 사건에 이어 1951년 하반기에도 국회와 밀고 당기는 일이 계속 일어났다. 그러다가 이 대통령은 도저히 국회에서는 대통령으로 재선될 것 같지 않으니까 직선제 헌법 개정안을 내놓는데, 1952년 1월에 참패했다. 가 19, 부 143이라는 상상하기 어려운 표차로 부결됐다.

그러자 이승만 정권은 땃벌떼, 백골단, 민중자결단 등을 동원하고 관제 민의를 만들어 국회를 협박하고 공갈을 일삼았다. 그 때문에 국회의원들은 이리 도망 다니고 저리 도망 다녀야 했다. 대통령이 그런 난세 중의 난세를 초래한 것이다. 거기다 계엄령 해제를 국회에서 결정하면 대통령은 바로 집행해야 하는데 그걸 안 했다. 그거 헌법 위반이다. 이렇게 부산 정치 파동 과정에서 위헌·위법을 이승만 정부가 너무나 많이 하지 않았나. 그런 속에서 1952년 7월 4일 발췌 개헌을 해가지고 영구 집권을 위한 초석을 닦았다.

그러고 있으면서 과연 전쟁 수행을 제대로 했겠나. 전선에선 사람들이 피 흘리고 있는데 임시 수도 부산에선 땃벌떼, 백골단 등 테러 군중을 동원해 국회를 위협하면서 이렇게 위헌·위법적인 행위를 했다는 건 참으로 수치스런 일 아니냐는 생각을 하지 않을 수 없다.

전략가 이승만?
"말도 안 되는 소리"

── 두 가지를 추가로 짚었으면 한다. 전쟁이 났을 때 대통령이 영
락없는 노인네 모습이었다고 했다. 그와 달리, 대통령이 몸을
피하면서도 미국을 적극적으로 끌어들여 반전의 계기를 만드
는 등 냉정한 전략가다운 모습을 보였다는 의견도 있다. 전쟁
직후인 1953년 10월 한미상호방위조약을 체결한 것도 '전략가
이승만'의 공이라는 의견이다.

어이가 없다. 말도 안 되는 소리다. 그런 전략 같은 건 없었다.
당시 한국은 미국이 지켜주던 나라 아닌가. 미국은 자발적으로 앞
장섰다. 무초 주한 미국 대사가 바로 본국에 보고했고, 트루먼 대통
령은 휴가지에서 회의를 열고 대응책을 논의했다. 미국이 이 대통령
말을 듣고 참전했다는 주장은 어린아이도 웃을 얘기다. 자기들의 세
계 전략에 따라 그렇게 한 것이다.

한미상호방위조약 문제를 보면, 정전협정 체결 후 한국에 아무
런 보장도 해주지 않는다는 건 미국으로서도 곤란한 일이었다. 이승
만 대통령이 북진 통일을 세게 주장한 것도 조약 체결에 영향을 주
었다고 볼 수는 있다.

하지만 조약 내용을 들여다보면, 이 대통령을 높게 평가하는
쪽이 이야기하는 것과는 대단히 다른 면이 있다. 그 점에서 제1조
를 유심히 살펴봐야 한다. 어느 조약이든 제1조가 중요하지 않겠는
가. 한미상호방위조약 제1조에 '당사국은 어떠한 국제적 분쟁이라
도 평화적 수단에 의하여 해결하고, 무력의 위협이나 무력의 행사

를 삼갈 것을 약속한다'고 명시했는데, 각별히 '약속한다'고 한 것을 주목할 필요가 있다. 그것은 대한민국 정부가 약속한다는 것으로 해석할 수 있다. 제1조에 이렇게 명시한 것이다. 미국이 이 대통령을 어떻게 보고 있느냐가 확연히 드러나 있다. 다시 말하면 이 조약엔 북한이 쳐들어오는 걸 용납하지 않겠다는 것뿐만 아니라 '평화적 수단'이 아닌 이승만식 북진 통일을 절대 용납할 수 없다'는 의미가 아주 노골적인 표현으로, 강렬한 톤으로 담겨 있다. 무력의 위협이나 무력의 행사를 삼갈 것을 약속한다고 되어 있지 않은가. 그것도 바로 제1조에 그렇게 되어 있다. 또 전쟁이 나면 미국이 자동적으로 즉각 개입하도록 돼 있다고 보기 어렵다는 비판도 그간 끊임없이 나왔다. 북한이 침략할 경우 미국이 일정한 절차를 밟아 개입하도록 돼 있다는 말이다.

— 두 번째는 북한의 책임 문제다. 진보 학계가 김일성의 책임을 엄중하게 묻기보다는 이승만 정권을 더 강도 높게 비판하는 것 아니냐는 의견도 일부 있다.

그동안 많이 강조한 것처럼, 전쟁을 일으킨 북한의 책임은 너무도 당연하게 물어야 하는 것이다. 북한 지도부가 최대의 잘못을 한 거다. 민주 기지론(한반도 전체를 사회주의화하기 위해 북한 지역을 우선 그 기지로 삼는다는 것)에 따라 통일을 한다고 했지만, 실제는 남한에서 혁

● 한국의 행정 관리 아래 있다고 미국이 인정한 영토에 대한 무력 공격에 대해서만 한국에 원조를 제공한다는 것. 달리 말하면 북한이 한국을 공격했을 때는 조약이 적용되지만 반대의 경우엔 해당하지 않는다는 뜻.

1950년 9월 인천에서 한 여자 어린이가 울고
있다. 한국전쟁은 무엇을 위한 전쟁이었을까.
한국전쟁은 시작부터 국제전이 되었고, 애꿎은
사람들만 큰 피해를 봤다.

명이 일어날 가능성은 없었다. 통일이 지상과업이라면 전쟁밖에 남은 수단이 없었다. 그리고 무력으로 통일할 수 있을 것이라고 아주 치명적인 오판을 한 거다.

하나 덧붙이면, 해방 후 북한은 민주 기지론, 남한은 단정론으로 가는 이상 전쟁으로 귀결될 수밖에 없었다. 왜냐하면 한국인은 모두 통일을 절대적으로 원했다. 따라서 외세를 등에 업은 전쟁으로 문제를 해결하려 하게끔 될 수밖에 없었다.

여기서 한반도 전쟁의 특이한 성격이 발견된다. 민족 내적인 이유, 곧 분단 때문에 전쟁이 발발하지만, 그것은 반드시 국제전이 된다는 점이다. 김일성, 박헌영이 소련과 중국을 방문한 것도 이런 특성이 그대로 반영된 것이다.

그와 함께 전쟁 준비와 관련해 예를 들면 북한엔 무기, 탄약 같은 것도 빈약했고 사단급 이상의 작전을 펼쳐본 사람도 없었다. 작전 체계를 짜준 게 소련군이었다. 소련과 중국의 지원 없이는 전쟁을 일으킬 수 없는 상황이었다. 그런 의미에서도, 한국전쟁은 시작부터 국제전이 될 수밖에 없었다. 중국의 국공내전이나 미국의 남북전쟁 같은 것들과는 전혀 다른 점이 있었다.

원자탄을 사용하겠다고?
요동치는 전선, 평화는 멀고도 멀었다

한국전쟁, 세 번째 마당

김 덕 련 다시 전쟁으로 돌아가보자. 북한은 인천 상륙 작전 같은 유엔군의 반격 작전을 예상하지 못했나.

서 중 석 7월 20일 대전을 점령한 인민군은 미군 24사단장 윌리엄 딘 소장을 포로로 잡았다. 그 후 그야말로 파죽지세로 밀고 내려가 25일에 순천에 내려갔고, 진주에 이어 31일에는 거창까지 점령했다. 8월 15일경 북한군은 마산, 왜관, 포항 계선까지 진출했다. 남한 전체를 점령하는 것이 코앞에 있는 듯했다.

그렇지만 이 무렵 북한의 전력은 급속히 떨어진 상태였다. 한반도는 남과 북이 길고 동서가 짧기 때문에 제공권과 제해권이 미국에 있는 상황에서 전쟁을 수행하기란 지극히 어려웠다. 끊임없는 폭격으로 다리도, 도로도 파손됐다. 북한의 군대는 밤에 주로 이동했고, 물자도 밤에 옮겼다. 전쟁 물자는 부족했고 병사들은 지칠 대로 지쳤다. 그런데 최고 사령부는 연일 낙동강을 넘으라고 지시했다. 그렇지만 낙동강 너머에 있는 유엔군과 국군은 미국 공군의 비호를 받았고 화력이 월등히 강했으며, 병력도 인민군보다 많았다. 미국 공군은 B-29 중폭격기를 대거 동원해 낙동강 주변을 초토화했다. '피의 낙동강'이란 말이 한동안 나돌 정도로 인민군은 죽어갔다. 인민군 주력이 궤멸하다시피 한 것이다.

모택동은 미국이 북한의 전력을 대구, 부산 지역에 묶어놓으면서 인천, 서울 지역이나 진남포, 평양 지역 등 다른 방향으로 상륙 작전을 펼 가능성에 대비하도록 북한에 촉구했다. 제해권, 제공권을 쥐고 있는 미군이 인천과 원산선을 장악해버리면 인천-원산 이남의 인민군과 좌익은 독 안에 든 쥐가 돼버리고 북한군은 전투력을 상실할 수밖에 없었다.

제공권을 장악한 미군은 끊임없이 폭격을
퍼부었다. 그래서 북한의 군대는 주로 밤에
이동했다. 사진은 미국 공군의 폭격을 받고 있는
원산 지역의 모습.

1950년 9월 미군이 인천 상륙 작전에 성공했다.
북한은 이 작전을 알았다고 하더라도 이에
대비할 군대가 별로 없었다.

인천은 조수 간만의 차가 심해 방어를 잘하면 상륙하기가 쉽지 않았다. 그렇지만 북한이 활용할 수 있던 병력은 한계가 있었다. 금강에서 예성강 입구까지 1개 보병 연대, 2개 국경 경비 연대 등 1개 사단이 채 못 되는 병력이 있었다고 하며, 9월 15일 인천 상륙 부대에 맞서 제31여단 1개 대대와 인천 경비 여단, 그 밖에 당원 등 민간인으로 구성된 병력이 있었다고 한다. 설령 북한 지휘부가 인천 상륙 작전을 알았다고 하더라도 그것에 대비할 수 있는 군대가 얼마나 있었겠나. 이에 비해 국군 2개 연대를 포함한 2개 사단 3만여 병력의 상륙 부대는 막강한 공군과 해군의 지원을 받았다.

반전, 또 반전
맥아더의 미스터리

―― 인천 상륙 작전 개시 후 서울을 수복하는 데 13일 걸렸다. 9·28 수복 후 국군과 유엔군은 38선을 넘어 북진한다. 그로써 공중 폭격 수준을 넘어 지상군의 전면전이 38선 이북으로 확대된다.

국군은 10월 1일 38선을 넘었다. 10월 1일이 국군의 날이 된 건 이 때문이다. 이와 관련, 일각에서는 광복군 창설일을 국군의 날로 삼아야 더 뜻깊지 않겠느냐고 여러 차례 문제를 제기하기도 했다. 유엔군이 38선을 넘는 데는 시간이 걸렸다. 유엔의 승인이 필요했기 때문이다. 10월 7일 맥아더는 유엔군에 38선 돌파 명령을 내렸다. 전쟁이 확대된 것이다.

7월과는 정반대 상황이 펼쳐졌다. 국군과 유엔군은 10월 19일 평양에 진입해 다음 날 장악했고, 24일 청천강을 건넜다. 압록강과 두만강이 저 너머 보이는 지점까지 진격했다. 맥아더는 10월 15일 웨이크 섬에서 트루먼 대통령을 만나, 11월 하순이면 인민군의 조직적 저항은 끝난다고 호언했다. 크리스마스이브를 장병들이 미국의 가정에서 보낼 수 있을 것이라는 말도 덧붙였다.

── 중국이 참전하면서 전세는 다시 반전된다. 중국군이 넘어올 것을 맥아더가 몰랐을까.

중국은 유엔군이 38선을 넘기 전에 여러 차례, 38선을 넘으면 중국이 참전할 것이라고 경고했다. 그러나 10월에 들어와 중국의 태도는 유동적이었다. 중국공산당 정치국원 다수도 반대했다. 그들은 이제 겨우 대륙을 통일한 중국이 세계 최강의 미국과 전쟁을 벌인다는 것은 너무나 위험한 일이라고 주장했다. 그 전쟁은 장개석의 국부군도 가세한 제3차 세계대전이 될 수도 있었다.

한반도에 군대를 파견해야 한다고 강력히 주장한 사람은 고강 高崗(가오강)이었다. 모택동이 '동북왕'이라고도 부른 그는 동삼성(만주)에서 강력한 권력을 확보하고 있었다. 그는 국공내전이 만주에서 시작될 때 조선인 부대가 얼마나 중요한 역할을 했는지를 강조했다. 여기에 중국 인민군에서 영향력이 큰 팽덕회(펑더화이)도 가세했다. 결국 이 두 사람의 주장에 모택동이 동조하면서 파병이 결정됐다. 모택동은 압록강과 두만강에서 미군과 맞대고 있는 것은 중국의 안보를 위협한다고 판단했다. 그런데 맥아더는 이즈음 한국전쟁 최대의 미스터리를 남겼다.

1950년 10월 27일 국군의 평양 입성을
축하하는 퍼레이드가 서울에서 열렸다.
사진 출처: e영상역사관

한국전쟁

─ 무엇인가.

맥아더는 극동사령부 사령관인데도 한국전쟁 발발에 대비하지 않았다. 그리고 그의 정보 참모 찰스 윌러비 소장도 같은 소리를 했지만, 맥아더는 중국이 참전하지 않을 것이라고 말했다. 10월 15일 웨이크 섬에서 트루먼이 물었을 때도, 중국이 참전할 가능성은 낮다고 대답했다. 그런 주장은 10월 하순, 11월에도 계속됐다.

정말 불가사의한 일이었다. 10월 14일에서 20일 사이에 중국군은 압록강을 건너 적유령산맥 청천강 상류 쪽과 개마고원 장진호 쪽에 자리를 잡았는데, 유엔군 사령관이 이것을 몰랐다는 것은 이해가 가지 않는다. 10월 25일에서 11월 6일 사이에 중국군이 미군 제1기병사단 8연대를 평안도 운산에서 괴멸시키고 사라졌는데도 중국군이 대규모로 참전하지는 않을 것이라고 계속 주장한 것은 도무지 있을 수 없는 판단이었다.

─ 왜 그런 것인가.

정일권 등이 쓴 책들에는, 맥아더가 이를 알면서도 거대한 구상을 하고 있었기에 그렇게 나왔을 것이라고 쓰여 있다. 등골을 오싹하게 하는 무서운 주장 아닌가.

맥아더는 '극동의 패튼'이라는 지적이 있다. 제2차 세계대전 때 전차 군단 지휘관으로 명성을 떨친 조지 패튼은 전쟁이 끝날 무렵 이제는 소련과 싸워야 한다고 주장해 일각에서 전쟁광이라는 비판을 받았다. 맥아더는 전쟁이 확대돼야 한다고 주장했다. 만주 공습도 주장했는데, 미국 합참에서 반대했다. 제3차 세계대전을 불러올

1950년 9월 인천 상륙 작전 당시의 맥아더. 맥아더는 전쟁을 확대해야 한다고 주장했다. 중국과 전면전을 벌이고 소련을 상대로 전쟁도 불사하겠다는 구상을 가지고 있지 않았을까.

수 있기 때문이다.

맥아더는 중국과 전면전을 벌이고 소련을 상대로 한 전쟁도 불사하겠다는 구상을 가지고 있지 않았을까. 그 때문에 중국을 깊숙이 유인하려고 중국의 개입에 대해 도무지 이해가 안 되는 주장을 한 것이 아니었을까.

이해하기 힘든 미군의 패배
원자탄 전쟁터 될 뻔한 한반도

— 중국군은 미군을 파죽지세로 밀어붙였다. 세계 최강으로 불리
던 미군은 참패를 당했다. 이때 중국군이 인해 전술을 썼다고
일반적으로 이야기되지만 실상은 그와 달랐다.

중국군이 깊숙이 들어와 있었는데도 맥아더는 '크리스마스 공
세'를 명령해 압록강, 두만강 쪽으로 더 밀고 올라갔다. 중국군은 11
월 25일부터 서부 전선과 개미고원의 동부 전선 일대에서 전면적으
로 공세를 폈다. 화력 면에서 미군은 믿기지 않을 만큼 엄청 밀렸다.

중국이 처음부터 인해 전술로 나왔다는 것은 정확한 표현이
아니다. 약 18만 명이 밀고 내려왔는데, 이 숫자가 유엔군, 국군보다
많다고 볼 수 없다. 중국군이 파죽지세로 미군을 제압한 이유는 인
해 전술이 아니었다. 섬멸할 목표를 정하고 그 부대를 신속히 집중
공략했다. 상대방 부대 간의 연결을 차단하고 신속히 병력을 집중해
섬멸하는 것은 팔로군 이전의 홍군 시절에도 폈던 작전이었다. 밤
행군도 아주 잘했다.

— 세계 최고의 무기를 가진 미군이 그렇게 크게 패배한 것은 의
외의 일이었다.

화력과 무기 면에서 월등했는데도 미군이 중국군에 밀렸는데,
그 부분이 많이 연구됐으면 좋겠다. 돌연히 나타나 집중 공격하는
중국의 작전에 적절히 대응하지 못한 면도 있고 심리적인 요인도 있

었지만, 지형과 무서운 추위도 영향을 끼쳤을 것이다.

한반도의 지형은 전쟁을 하기에 아주 나빴다. 산악이 많아 군대 이동이나 전쟁 물자 이동이 힘들었다. 남북으로 길게 뻗어 있어서, 일부를 자르고 차단해 공격하면 낭패를 볼 수도 있었다.

한반도에서는 초원에서처럼 기마 부대도, 유럽 전선에서처럼 전차 부대도 활약하기 어렵다. 임진왜란 때 일본군이 너무 깊숙이 올라왔다가 병력 이동도, 병참도 어려웠던 일이 발생하지 않았나. 바다를 이용하는 길이 있었지만, 급경사를 이룬 산맥 때문에 동해는 부적당했고 서해로 향하는 바닷길은 이순신이 장악했다.

나는 한국이 일제 강점 이전엔 한 번도 외국의 직접 지배를 받지 않고 오랜 역사를 독자적으로 영위할 수 있었던 데에는 한반도의 위치와 지형이 한몫했다고 생각한다. 예컨대 청나라는 몽골, 신장은 물론이고 티베트에까지 군대를 주둔시켰는데, 정묘호란, 병자호란 등 두 번이나 침공한 조선에는 군대를 주둔시키지 않았다.[•]

─── 중국군에 밀리자 맥아더는 원자탄을 사용해야 한다고 주장했다. 이 주장대로 됐을 경우 한국인들이 겪었을 고통은 생각만 해도 끔찍하다.

원자탄이 얼마나 무서운 무기인가. 히로시마와 나가사키의 참상이 있은 지 불과 5년밖에 안 된 시점이었다. 소련이 원자탄을 보유하고 있었는데도 맥아더는 한반도에만 원자탄을 사용하려고 한

[•] 1882년 임오군란 후 청군이 조선에 주둔하지만, 17세기 이래 조선과 청나라의 관계에서 그것은 예외적인 현상이었다.

것이 아니었다. 트루먼 대통령도 평양 철수 4일 전인 11월 30일에 원자탄 사용을 배제할 수 없다고 말해 세상을 깜짝 놀라게 했다. 영국 수상 클레멘트 애틀리가 즉각 워싱턴으로 날아가 만류했다. 산악 지대는 원자탄 투하 효과가 적어서 원자탄 사용을 안 했다는 연구도 있지만, 어느 것이건 있을 수 없는 일이다. 그 어떤 경우에도 핵은 절대로 사용해서는 안 된다.

정말 놀랍게도, 휴전 이후이긴 하지만 여당 정권 최고 수뇌뿐만 아니라 야당의 고위 간부들조차 원자탄을 퍼부어 북한군과 중국군을 박살냈어야 했다는 소리를 공공연히 했다. 많은 사람이 동조했는데, 얼마나 살벌하고 황량한 땅에 우리가 살고 있는가를 실감나게 했다. 이런 풍토에서 주민 집단 학살이 있었지 않나 싶다. 베트남전에 참전했을 때도 차마 인간으로서 듣기 거북한 언사들이 있었다.

중국군의 공세는 12월에 들어와 뜸했다. 근래에 공개된 중국 자료에 의하면 이때 모택동과 팽덕회 야전군 사령관 사이에 전쟁 확대 문제에 대해 심각한 의견 차가 있었다고 한다. 중국 의용군이 너무 지쳤고 병참 보급도 제대로 되지 않는데 한반도는 혹독하게 추웠다. 동상 걸린 중국군이 부지기수였다.

결국 모택동의 지시에 의해 12월 30일 다시 대대적인 공세를 펴 평택-제천 선까지 내려왔다. 중국군은 1951년 1월 15일 이후 방어로 전환했다. 모택동은 그 지역까지 내려가야 38선 부근에서 휴전선을 그을 수 있을 것으로 판단했다.

—— 이렇게 전선이 요동치면서 피란을 떠나는 사람들이 많았다.
1·4후퇴 하면 요즘 젊은 세대 중에는 잘 모르는 이들이 적지

흥남에서 배를 타고 피란길에 오른 사람들.
1950년 12월의 모습.

1951년 1월 8일 강릉 부근에서 피란을 떠나는
사람들.

한국전쟁에 참전해 포로로 잡힌 중국군의 모습.

않지만, 연세가 지긋하신 어르신들 중에는 여전히 그 기억이 생생한 분들도 많다.

피란 대열이 끝이 없었다. 서울은 1394년 조선의 수도가 된 이래 이때 아마 가장 사람이 적었을 것이다. 파괴된 곳곳에서 개 짖는 소리밖에 없었고, 인기척이 없어 밤이 특히 무서웠다고 쓴 글이 있다.

북한에서 유엔군이 남하할 때 미군도 국군도 피란을 독려했다. 의도적으로 퍼뜨렸을 테지만 원자탄이 투하된다는 말이 나돌아 피란민이 더 늘어났다. 세상이 워낙 험하니 노인과 어린애만 남고 젊은 사람들은 일단 군인들이 독려하는 대로 피란 대열에 따라나선 경우가 많았다. 미군은 흥남부두에서 부산 영도다리까지 배를 동원

미군에게 생포된 중국군의 모습.

할 수 있는 한 대규모로 동원해 대대적인 철수 작전을 폈다. 자료를 보면 피란 가기가 애매한 지역이었던 충북 사람들도 정부의 '강력한' 권유로 피란에 나서지 않을 수 없었다. 한국전쟁이 시작된 이래 최대의 피란 대열이었다. 아마 한국 역사 전체로 따져도 그렇게 많은 피란민은 없었을 것이다.

피란을 적극 권유한 것은 국민방위군 편성 이유와 비슷하게 적에게 인적, 물적으로 이용당하지 않게 하기 위해서였다. 또 하나가 있었다. 이 전쟁은 이데올로기 전쟁이었다. 흥남부두에서 수만, 수십만이 자유를 찾아 나선다는 것은 중요한 의미가 있었다.

한국인은 1964년에 아마도 전쟁 이후 가장 많은 사람이 울었을 것이다. 북한의 육상 세계신기록 보유자 신금단은 도쿄에 왔지만 인도네시아 자카르타에서 열린 제1회 가네포 대회에 출전했다는 이유로 국제올림픽위원회(IOC)로부터 올림픽 출전 금지 처분을 받았다. 이 때문에 1964년 도쿄올림픽에 나가지 못한 대신 신금단은 아버지와 상봉했다. 바로 1950년 겨울에 얼마 후면 만날 것이라고 하면서 어린 딸을 남기고 떠났던 바로 그 아버지였다. 그때 참 많은 사람이 눈물을 흘렸다.

이산가족 상봉이 있을 때마다 가장 눈물을 많이 흘린 사람들이 그때 헤어진 사람들이다. 며칠 후면 만날 줄 알고 헤어졌는데 그렇게까지 오래 만나지 못할 줄은 꿈에도 생각지 못했던 것이다.

─── 남하하던 중국군은 미군의 반격을 받는다.

제2차 세계대전 당시 유럽 전선의 용장勇將이던 매튜 리지웨이가 맹렬히 반격해 1951년 5월쯤 되면 지금의 휴전선 부근에 이르게 된다. 이때부터 제1차 세계대전 당시 서부 전선을 떠올리게 하는 교착전이 펼쳐진다.

제1차 세계대전을 일으킨 독일은 처음에는 승승장구하지만 1915년 서부 전선 마른에서 교착 상태에 빠진다. 참호전이 시작된 것이다. 빗발치는 총알과 우박처럼 쏟아지는 포탄 속에서 병사들은 촌보도 나아가지 못하고 죽을 날만 기다려야 했다. 수십만, 수백만의 프랑스군, 독일군, 영국군이 희생됐다. 요충지 베르덩에서는 불과 몇 킬로미터를 전진하려다가 십여 만 병사가 죽어가기도 했다. 어느

───

• 가네포(GANEFO: Games of the New Emerging Forces)는 신흥국 경기 대회를 말한다. 대안 올림픽을 지향하며 사회주의 성향의 제3세계 국가들이 주축을 이뤘지만 일본 등 그와는 거리가 먼 나라들도 일부 참가했다. IOC는 가네포를 자신들에 대한 도전으로 간주하고, 가네포에 출전한 선수들의 올림픽 출전권을 박탈했다.

쪽도 승산이 보이지 않았지만 병사들을 몰아세워 엄청난 인명만 삼켰다.

강원도 철원 부근에 학생들이 답사를 많이 가는 백마고지가 있다. 거기에 뭐라고 쓰여 있나. '낮에는 미군 폭격기가 무섭게 폭격하면서 아군이 그 고지를 점령한다. 하지만 밤만 되면 미군들이 진절머리를 내는 꽹매기(꽹과리의 북한말), 나팔 등의 요란한 쇳소리를 내고 함성을 지르며 중국군이 올라온다. 이렇게 26번이나 승자가 바뀌었다'고 하지 않나. 이런 전쟁을 해서는 안 된다.

포화는 멎었지만
여전히 머나먼 평화

── 전선이 교착 상태에 빠지면서 휴전 회담이 시작됐다. 휴전 회담 시작 후 정전협정을 체결하기까지 2년 넘게 걸렸다. 왜 2년이나 더 전쟁을 계속해야 했나.

한국전쟁은 1951년에 끝냈어야 했다. 그랬으면 2년 더 계속된 전쟁으로 인한 인명 피해나 북폭으로 인한 파괴는 훨씬 줄어들었을 것이다. 이승만 대통령을 제외하고는 모든 전쟁 당사자가 전쟁을 계속하는 것은 피해만 가중시킨다는 사실을 잘 알고 있었다. 그래서 1951년 6월 소련의 휴전 협상 제안에 미국이 얼른 동의했다. 미국은 이미 5월에 종전이 합리적이라는 방침을 정해놓고 있었다.

그런데 왜 그렇게 오래 걸렸나. 이 전쟁이 강대국의 자존심과 관련이 있었고 이데올로기 전쟁이었기 때문이다. 1951년 7월에 시작

1951년 4월 부산에 있던 전쟁 포로들.
전선이 교착 상태에 빠지면서 휴전 회담이
시작되었지만, 정전협정을 맺기까지는 무려 2년
넘게 걸렸다. 가장 큰 걸림돌 중 하나가 전쟁
포로 문제였다.

된 휴전 회담은 군사분계선DMZ을 어디에 그을 것인가만 가지고 4개 월이나 끌었다. 중국 측 자료에 의하면 미국은 제공권을 장악하고 있기 때문에 보병들이 싸우는 곳보다 훨씬 위쪽에 휴전선을 그으려 고 했다고 한다. 결국 양쪽 군대가 전투를 벌이고 있는 지점으로 하 는 것에 합의를 보았다.

─ 포로 문제로 시간을 끌었는데 무엇 때문인가.

포로 문제로 무려 18개월이나 끌었다. 거듭 강조하지만, 이 전 쟁은 역사상 최초의 이데올로기 전쟁이었기 때문이다. 지루하기 짝 이 없는 회담이었지만 불꽃 튀기는 설전이 계속되어 또 하나의 전 쟁터를 방불케 했다. 중국과 북측은 제네바 협정(118조)에 따라 자동 송환할 것을 주장했다. 그러나 미국은 인도주의 문제를 제기했다. 미국은 공산 포로들이 자유 세계로 넘어오는 것을 중요시했다. 공 산 세계로 돌아가기를 원치 않는 포로들을 강제로 송환한다는 것은 인도주의에 어긋난다고 주장했다.

포로 송환 회담에서 미국의 주장에 힘을 실어준 다른 요인도 있다. 중국군 포로 중에는 예전에 장개석 군대에 속했던 군인들이 많았다고 한다. 또 양쪽이 제시한 포로 숫자를 보면 공산 측이 내 놓은 미군과 국군 포로가 훨씬 적었다.

그런가 하면 1952년 5월 공산군 포로에 대한 심사 거부 투쟁 의 일환으로 거제도 포로수용소장 프랜시스 도드 준장이 납치됐고, 포로들의 폭동이 잇달아 일어났다.

─ 회담 막바지에 이승만 대통령의 반공 포로 석방으로 협상은 다

시 난관에 봉착한다.

휴전 회담은 1953년에 들어와 급진전했다. 조속히 휴전하겠다고 공약했던 드와이트 아이젠하워가 1월에 대통령에 취임했고 3월에는 스탈린이 사망했다. 스탈린의 뒤를 이은 게오르기 말렌코프도, 김일성도, 팽덕회도, 유엔군 사령관 마크 클라크도 더 이상 전쟁을 계속하는 것을 바라지 않았다. 3월 30일 주은래는 송환을 원치 않는 포로들의 경우 중립국에 인도하자는 제안을 했다. 클라크는 5월 25일 송환을 원치 않는 포로들을 중립국의 보호에 이관한다는 안을 수락했다. 6월 8일 포로 교환 협정이 체결됐다.

다 잘될 것 같던 휴전 회담은 이승만 대통령이 6월 18일 반공 포로 석방을 명령해 약 2만 7,000명이 석방됨으로써 커다란 위기에 직면한 듯했다. 중국군이 대군을 투입하겠다고 했고 미군은 대규모 폭격으로 대응하겠다고 나왔지만, 실제는 두 나라 다 전쟁을 더 이상 하려는 의욕도, 의지도 없었다. 어쩌면 미군 폭격으로 국토가 파괴될 대로 파괴된 북한이 전쟁 종결을 더 원했을지도 모른다. 자동 송환되지 않은 포로는 석방된 반공 포로를 포함해 약 5만 명이었다.

7월 27일 유엔군 수석대표 윌리엄 해리슨과 공산군 수석대표 남일이 휴전(정전)협정에 서명했고, 이어서 클라크와 김일성, 팽덕회가 각각 서명했다. 대한민국 대표로는 최덕신이 유엔군 측 16개국 대표와 함께 참석했지만 서명하지 않았다. 이로써 3년 만에 포화는 멎었다.

변영태 외무 장관의 제네바 통일 방안
왜 귀국해서 성토받았나

—— 드디어 포화가 멈췄다.

휴전(정전)협정은 문자 그대로 휴전을 한 것이다. 한반도 평화를 위해서는 새로운 정치 회담이 필요했다. 그래서 휴전협정 제4조 60항에는 다음과 같이 '쌍방 관계 정부들에 건의'하는 내용이 담겼다.

"한국 문제의 평화적 해결을 보장하기 위하여 쌍방 군사령관은 쌍방의 관계 각국 정부에 정전협정이 조인되고 효력이 발생한 후 3개월 내에 각기 대표를 파견하여 쌍방의 한 급 높은 정치 회담을 소집하고 한국으로부터 모든 외국 군대의 철수 및 한국 문제의 평화적 해결 등의 문제들을 협의할 것을 이에 건의한다."

—— 정치 회담은 어떻게 되었나.

3개월 내에 정치 회담은 열리지 않았다. 제4조 60항은 휴지나 다름없었다. 그런데 베트남에서 새로운 사태가 벌어졌다. 월맹(베트민)의 보 응웬 지압 장군이 1954년 3월부터 프랑스 군대와 벌인 전투에서 5월에 드디어 승리했다. 그 유명한 디엔비엔푸 전투인데, 이 승리는 전 세계 피압박 민족에게 엄청난 영향을 끼쳤다. 제국주의 국가의 대군을 격파했기 때문이다. 아프리카 북부 여러 지역에서 민족 해방 운동이 일어났다. 알제리민족해방전선은 격렬히 프랑스와 싸웠다.

위쪽부터 미국의 마크 클라크, 북한의 김일성,
중국의 팽덕회가 정전협정문에 서명하고 있는 모습.

한국전쟁

1953년 7월 27일 유엔군 수석대표 윌리엄
해리슨과 공산군 수석대표 남일이 정전협정에
서명하고 있는 모습.

모든 관계자의 서명이 완료된
정전협정문. 이로써 3년 만에
포화는 멎었다.

1950년 11월 서울의 모습. 폐허 더미에서
사람들이 뭔가를 찾고 있다. 전쟁은 끝이
났지만 한반도 전체는 이미 큰 피해를
본 상태였다. 한국의 전 역사를 돌아봐도
한국전쟁만큼 대규모의 학살이 있었다는
기록은 없다.

디엔비엔푸 패배로 프랑스는 인도차이나에서 발을 빼게 되고 그 자리에 미국이 들어갔다. 그리고 베트남 남부와 월맹 사이에 경계선 문제 등 전쟁과 관련된 여러 사안을 논의할 국제회의가 요구됐다. 그래서 제네바 회의가 열렸는데, 먼저 한반도 평화 정책을 위한 회의를 열기로 했다. 1954년 4월 26일부터 6월 15일까지 열린 한반도 평화 정책을 위한 제네바 회의에 이승만 정부는 참여하지 않겠다고 고집을 부렸지만 미국의 강력한 권고로 결국 참여했다. 남측으로 남한과 6·25 참전 15개국(남아프리카연방공화국 불참), 북측으로 북한과 중국, 소련 등이 참가했다.

—— 제네바 회의에서 성과가 있었나.

미국은 이 회의가 양측 진영의 선전장이 되었다고 말할 만큼 입씨름이 심했다. 구체적 합의도 없었다. 그렇지만 몇 가지 중요한 제안이 있었다. 5월 22일 주은래는 통일 방안으로 중립국감시위원회가 선거를 감시하자고 제안했다. 참전 15개국은 회의가 끝나는 날인 6월 15일에 유엔 감시하에 토착 인구의 비례에 따라 국회의원을 선출할 것을 제안했다.

변영태 외무부 장관은 이 대통령 지시에 따라 북진 통일론을 형태만 바꿔 대한민국 헌법에 의해 남북 총선거가 이뤄져야 한다는 주장을 폈지만, 제네바 회의에서 전혀 먹혀들 가능성이 없었다. 미국조차 국제회의에서 그러한 주장은 통용될 수 없다고 거듭 강조했다. 한국은 외톨이가 되었다. 결국 미국을 중심으로 한 참전 15개국의 설득으로 5월 22일 14개 항으로 된 통일 방안을 제시했다. 두 번째 항이 아주 중요한데, 북한 지역에서 자유 선거를 실시하고 대한

민국의 헌법 절차에 따라 남한에서도 행한다고 돼 있다. 이승만의 북진 통일론에 정면 위배되는 조항이었다.

변영태는 국내로 돌아오자 집중 성토를 받았다. 야당도 변영태를 성토했다. 제네바 회의에서 제시한 변영태의 통일 방안 제2항은 이 대통령의 북진 통일론에 위배되는 통일 방안이었기 때문에 두 번째 항이 정부의 홍보 책자에 북한도 대한민국 헌법에 의해 선거가 치러지는 것처럼 왜곡돼 실렸고, 1980년대 이후 나온 자료집에도 잘못된 것이 그대로 실렸다. 연구자들도 한때는 잘못된 이 자료집을 이용했다. 변영태의 14개 항은 조봉암에 의해 이승만 정부에서도 평화 통일 원칙을 제기한 구체적 예증으로 활용됐다.

—— 한반도 평화 정착은 중요하면서도 참 이루기 어려운 과제다.

평화협정 체결 문제가 1960년대 이후 여러 차례 논의되었고 북한이 구체적으로 제안도 했지만, 언제 될지 기약이 없다. 더구나 1990년대 이후에는 핵 문제, 미사일 발사, 한미 군사 훈련 등으로 한반도는 일촉즉발의 위기를 만나곤 했다. 2013년 박근혜 정부 출범 직후에도 정말 아슬아슬한 위기가 있었다.

한국전쟁 당시
미군이 뿌린
삐라들

1 미군이 삐라 투하용 폭탄에 삐라를 장착하고 있다. 미군은 한국전쟁 기간에 자그마치 40억 장의 삐라를 한반도에 뿌렸다고 한다.
2 삐라 1040 소련과 중공을 위해서 죽음을 택할 필요가 있는가?
3 삐라 1242 지주와 그 하인과 소

4 삐라 1276
중공군은 좋은 무기는 자기네가 차지하고 못쓸 무기는 북한군에게 넘겨주고 있다.
왜? 북한이 약해져야 집어먹기 쉬우니까……
북한 주민들이여! 이젠 여러분이 왜 중공군이 북한군에게 쏘지 못할 무기만 넘겨주는지를 알았을 것이다! 중공군은 여러분의 적이다!

1 삐라 1332 중공
침략자들은 북한을 파괴한다.
2 삐라 8724 너희가 멀리
고향을 떠나 가족이 뿔뿔이
흩어지게 된 것은 모두
공산당이 벌인 일이다.
3 삐라 8322 중공군은
그대들을 미개한 민족으로
안다!

4 삐라 8716 중공 전사들이여, 이 음험한 얼굴을
기억하라. 사람을 해하는 이 얼굴을 기억하라.
5 삐라 7230 소련은 중공에 전력으로 원조하려
하지 않는다. 한국전쟁에 참전해 사망한 병력이
거의 백만에 가깝고 무기 손실은 계산할 수도
없습니다. 원조해주십시오.-모택동

"북한, 전면전은 못할 것…
한국전쟁 공포 때문"

한국전쟁, 네 번째 마당

김 덕 련 1950년대 하면 암울한 시절을 떠올리는 이들이 많다.

서 중 석 고은 시인이 《1950년대》에서 묘사한 것처럼 1950년대는 희망이 없는, 출구가 보이지 않는 답답한 시기였다. 연줄, '빽'이 없으면 어디 가서 뭐 하나 제대로 챙겨먹기 어려운 시절이었다. 주먹이 앞서는 불법·탈법·무법의 시대였다. 깡패들의 주먹의 시대, 권력 남용의 시대로 많이 이해된다.

그러나 그것만 있었던 건 아니다. 그 시기에 엄청난 변화가 이뤄졌다. 특히 한국 사회에서 새로운 미래를 창출할 수 있는 역량이 쌓였다고 할까, 그런 걸로도 한국전쟁이 가져다준 커다란 변화를 이해할 수 있다. 한국전쟁은 다른 의미에서 사회 혁명을 야기했다고 볼 수 있다. 농촌과 산골까지 변화하고 평준화 현상이 확산하며 교육 열풍이 분다. 이와 함께 여성의 사회적 지위도 변화시키는 역할을 한국전쟁이 했다.

두 차례의 세계대전이 혁명적 변화를 가져오지 않았나. 그런 변화가 한국에서도 전쟁을 통해 많이 일어났다. 전쟁이 잘됐다 혹은 그렇지 않다, 그런 걸 떠나서 전쟁이 가져온 변화에 주목할 필요가 있다.

한국전쟁이 낳은
커다란 변화

── 어떤 변화를 가져왔나.

한국전쟁 때는 물론이고 1950년대엔 군대에 서로 안 가려고 했다. 그래서 손가락을 자르는 경우가 많았다.° 그렇게 자해 행위를 해서 안 가려고도 했고, 징집을 기피해 도망 다니는 젊은이도 많았다. 1961년 5·16쿠데타 이후 군사 정권의 주요 활동 중 하나가 군인이 징집 기피자를 잡으러 다니는 거였다.

그렇게 군에 안 가려고 했던 건 군이 무서워서였다. 먹을 것도 제대로 안 주고, 이른바 '빠따' 치고 막 기합을 주지 않나. 거기다 대통령이 '북진 통일을 한다'고 하는데 그러다 또 전쟁이 일어나면 어떻게 되겠느냐, 이제는 죽는 것 아니냐 하는 두려움이 있었다. 한국전쟁을 겪으며 전쟁에 대한 두려움이 쌓여 있었던 거다.

이랬던 건데, 당시 촌사람들이 군에 많이 갔다. 이 사람들은 '빽'이 없으니, '군대에 와라' 하면 자해하지 않는 이상 어쩔 수 없이 가는 수밖에 없었다.°°

그런데 소위 무지렁이라고 불리던 촌사람들, 산꼭대기로 조그만 하늘밖에 보이지 않는 산골에 있던 사람들이 그걸 계기로 새로운 세상을 경험하게 된 거다. 물론 한국전쟁 이전부터 빨치산이 활동하면서, 산골 주민들 중에는 빨치산과 군경의 싸움 때문에도 변화를 접한 경우가 많았다.

하여튼 시골 청년들이 군대 갔다 온 것을 계기로 인생이나 세상을 많이 안 것처럼 됐다. 그러면서 이제 시골에선 더 살기 싫다며 도시로 막 빠져나갔다. 또 젊은 여성 중에서 식모살이라도 해서 집

° 일례로 1953년 경남 3개 군의 징집 면제자 중 불구자가 80명이었는데, 이 중 오른손 손가락을 작두로 자른 이가 50명에 달했다.
°° 이와 달리 서울 지역 대학생의 입대 비율은 1950년대 중반 10퍼센트 수준이었다고 한다.

안에서 밥 한 끼라도 줄이려는 생각으로 보따리 싸가지고 도시로 나가는 이들이 늘었다. 그 결과 그야말로 산업화 없는 도시화가 이뤄졌다. 도시는 점점 인구 과잉이 됐다. 그러면서 판자촌이니 달동네가 엄청나게 많이 생겼다. 그렇지만 이런 것들이 대단한 활력소였다. 이 문제는 평준화 현상의 확산과도 관련돼 있다.

—— 어떤 식으로 관계를 맺고 있었나.

일제 때 한국인들은 권력을 일본인들에게 다 뺏겼다. 제국주의자들이 현지 주민들의 전통적인 여러 면을 놓아두면서 주로 간접통치를 한 인도, 인도네시아, 인도차이나 지역과는 크게 달랐다. 일제는 면사무소, 헌병 주재소 등을 설치하여 면 단위까지 직접 장악해 통치하고, 권력과 주요 재산을 차지했다. 다수의 한국인들은 그만큼 하등으로 몰리면서 하향 평준화가 됐다.

일제를 거치면서 지주들은 어느 정도 남아 있었지만 양반은 거의 다 망했다. 거기다 해방 후 혁명적 분위기 때문에, 그나마 남아 있던 지주들도 많이 몰락했다. 한때는 많은 지방 유지도 힘을 잃었다. 유지 중에 노골적으로 친일 행위를 한 사람이 적지 않았고, 그 때문에 해방 후 동네에서 적극적으로 발언하기 어려운 경우가 많았다. 그러면서 혁명적 분위기가 더 강해진 거다. 그러고는 농지 개혁이 시작되고 곧이어 전쟁이 이어지면서 농촌 분위기가 많이 바뀌었다. 이런 과정을 거치면서 한국 사회는 어떤 면에서는 공산주의와는 또 다른 방식으로 굉장히 평등화가 됐다.

한국처럼 양반, 상놈, 노비 따지는 나라를 찾기 어려웠는데, 일제를 겪고 해방 직후의 혁명적 분위기와 한국전쟁을 겪으면서 이게

1950년대 초등학생의 모습. 전쟁 후 평준화 현상과 겹치면서 엄청난 교육 팽창이 일어났다. 이러면서 한국 사회에 대량으로 한글세대가 탄생하게 되었다. 사진 출처: e영상역사관

싹 없어지다시피 했다. '노력만 하면 된다. 배우면 된다. 다 출세할 수 있다'는 분위기가 사회 전반에 가득하게 된 거다. 잘 배우면 된다는 건 이른바 일류 학교에 들어가는 걸 의미했다. 한국은 '빽' 사회, 연줄 사회니 일류 학교에 가면 연줄도 많이 생기고 그런 면에서도 잘될 거라고 본 것이다.

── 1950년대 교육열, 어느 정도였나.

그전에도 교육열이 높았던 사회이긴 했지만, 전쟁 후 평준화 현상과 겹치면서 엄청난 교육 팽창이 일어났다. 그러면서 대학만 일류, 이류, 삼류가 있는 게 아니라 고등학교, 중학교, 나아가 국민학교(초등학교)마저 그렇게 나뉘었다. 1950~1960년대엔 한 학급에 100명이 넘는 곳이 많았다. 130명이나 되어 콩나물시루 교실이라는 말을 들었던 곳도 있었다. 그러면서 이부제, 삼부제 수업을 받는 데가 무척 많았다. 1일 3교대로 가르치는 게 삼부제다. 그런 데가 많았다.

이건 뭘 의미하는 거냐 하면, 한국 사회에 대량으로 한글세대가 탄생했다는 거다. 그런데 이 사람들이 취직할 데는 별로 없었다. 산업예비군으로 축적됐다. 쌓이고 쌓인 이 산업예비군은 어디서 무슨 일이든 주기만 하면 열심히, 그야말로 밤낮을 가리지 않고 일할 사람들이었다. 이 사람들이 1960~1980년대 30년간 산업화의 그야말로 역군이 된 것이다.

한국전쟁의 의도하지 않은 효과, 경제 발전의 밑거름 마련

— 전쟁을 일으킨 사람들이 의도한 건 전혀 아니지만, 전쟁을 통해 평준화가 더 확산되고 그게 교육 열풍 등과 맞물리면서 1960년대 이후 경제 발전의 밑거름 역할을 하게 됐다는 말로 들린다.

경제 발전을 위한 여러 요소가 1950년대 말경부터 쌓여갔다. 특히 한글을 읽을 수 있고 어느 공장에서건 한글로 쓰인 기본적인 수칙을 다 지킬 수 있는 근면한 한글세대가 한국전쟁을 거치며 대규모로 쌓였다는 게 중요하다. 이것이 사회에 역동적인 활기를 불어넣었고 경제 발전을 이루는 데 큰 힘으로 작용했다. 그러면서 1960년대 중후반부터는 한일협정 자금, 베트남 특수, 각종 차관 등의 형태로 외국 자본도 많이 들어오게 된다.

이런 것들을 어떤 식으로 결합해나가느냐 하는 게 매우 중요한 상황이었다. 뭐든 열심히 해보려 했던 우수한 산업예비군의 존재 못지않게 국가 권력의 특성에도 주목할 필요가 있다. 이 시기 국가 권력은 어떤 면에서는 일제가 행사한 권력보다 더 강화된 측면이 있다. 부정부패가 말도 못하게 심했고, 친일파가 사회 곳곳을 장악하고 있었던 이승만 정부는 무능하기 짝이 없는 나쁜 정부로 보이는 면이 분명히 있었다. 그런데도 전쟁 후 이승만 정부는 굉장히 힘이 셌다.

─── 그 이유는 무엇인가.

한국전쟁을 거치면서 지주 계급은 힘을 잃었고, 지가증권(농지개혁 과정에서 정부가 지주에게 농지 대금으로 준 증권)은 똥값이 됐다. 대지주는 은행 융자를 받거나 귀속 재산을 불하받는 데 지가증권을 쓰면서 그나마 많이 살아났지만, 중소지주는 사실상 쫄딱 망했다.

한국전쟁을 전후한 시기 한국에서 큰 재산, 그러니까 큰 기업을 일구는 데 쓸 수 있는 건 두 가지였다. 하나는 일제의 귀속 재산이었다. 큰 기업이나 공장은 대부분 일제가 남긴 것이었는데, 이걸 어떻게 불하받느냐 하는 것이 중요한 문제였다. 그런데 그건 정치 권력과 특별한 관계를 맺지 않으면 안 되는 거였다. 그러니 정치 권력

1956년 이승만 대통령의 3선 출마를 촉구하는 우익 단체의 시위 행렬. 부정부패하고 친일파도 많았던 이승만 정부는 무능하기 짝이 없는 나쁜 정부로 보이는 면이 분명히 있었지만, 전쟁 후 이승만 정부는 굉장히 힘이 셌다. 사진 출처: e영상역사관

이 아주 힘이 셀 수밖에 없었다.

그거 못지않게 경제를 좌지우지했던 게 미국의 원조 물자를 어떻게 배정받느냐 하는 것이었다. 원조 물자를 잘 배정받으면 기업을 크게 키울 수 있었다. 귀속 재산과 원조는 재벌을 탄생시킨 주역이었다.

그런 의미에서 한국의 재벌이라든가 경제인은 한편으로는 자유당 간부 못지않게 굉장히 특권층임이 분명했지만, 다른 한편으로는 권력 앞에서 힘을 못 쓰는 존재였다. 더구나 사업을 할 수 있는 인허가권을 정부가 장악하고 있었다. 인허가는 거저 내주지 않았다. 아주 힘들었다. 권력과 모종의 관계를 만들어야 했다. 이러니 경제가 국가 권력에 예속된 형태가 될 수밖에 없었고, 전쟁 이후에 이런 현상이 더 강할 수밖에 없었다. 이런 면에선 국가 권력이 일제 때보다도 더 셌고, 그런 면을 훗날 박정희 정부가 더 강화했다고 볼 수 있다.

문화계에서도 국가 권력은 그야말로 무소불위였다. 진보적인 문화 활동은 한국전쟁을 거치면서 굉장히 위축당했다. 저항적 문인들이 일부 활약하긴 했지만, 대개는 관과 결탁한 문인들이 힘을 발휘했다. 문화계라든가 교육계를 좌지우지한 건 친일파거나 관 결탁 세력이었다.

이렇게 막강한 국가 권력이 구축됐다. 그런 속에서 주로 미국으로 유학이나 연수를 가서 상당한 실력을 쌓았다는 사람들이 1950년대 중후반 이후 계속 들어왔다. 새로운 테크노크라트가 국가 권력을 조정하고 이끌어가는 데 중추적 역할을 하게 되는 거다.

학살로 세운
극우 반공 체제

— 전쟁을 거치면서 이승만 정부의 힘이 강해졌다는 점을 이야기했다. 이는 극우 반공 체제 강화와 맞닿아 있다.

한국전쟁으로 한국 사회가 많은 어려움을 안게 됐다. 특히 사회를 극도로 단순화한 극우 반공 체제가 한국전쟁을 계기로 내면화 됐다.

물론 전쟁이 나기 전에도 이승만 정부는 반공을 역설했다. 빨갱이를 엄벌에 처한다고 목소리를 높였다. 그 결과 감옥소가 그야말로 '좌익수'로 넘쳐났다. 감옥에 갇힌 죄수의 80퍼센트가 국가보안법 위반 혐의로 잡힌 좌익수라는 보고가 있을 정도였다. 거기다 이 사람들을 조그만 감방에 잔뜩 집어넣어가지고 말할 수 없는 고생을 시켰다.° 또 제주 4·3사건, 여순사건 등을 거치며 일부 지역에서는 이미 많은 사람이 반공주의로 인해 극심한 피해를 보고 있었다.

그럼에도 전쟁 전까지는 반공주의가 그렇게 먹혀들지 못했다. 이 점은 1950년 5·30 선거에서 단적으로 드러난다. 이승만 세력은 참패하고 이승만에게 비판적인 중도파 민족주의자들이 대거 당선됐다. 전체 210석 중 무소속 국회의원이 126명이나 탄생했는데, 이 중엔 합리적인 사람들이 많이 있었다. 2대 국회는 민권을 위한 국회라는 말까지 들을 정도였다.

그런데 이승만 정권이 그렇게 강권으로 주입하려도 해도 잘되지 않던 극우 반공주의가 전쟁을 거치면서 위세를 떨치게 됐다. 왜 그렇게 됐나? 제일 큰 이유는 전국적으로 일어난 집단 학살이 아닐까 생각한다. 그 공포란 건 이루 말할 수가 없었다.

학살은 어느 지역에서나 일어났다. 도처에서 많은 사람이 죽어가면서 정부 비판, 이승만 반대 같은 건 절대적으로 피해야 한다는

° 1948년 12월 국가보안법이 탄생했다. 그 이듬해인 1949년 국가보안법 위반 혐의로 검거·투옥된 사람이 무려 11만 8,621명에 달했다. 이 때문에 교도소가 꽉 차, 1949년 10월 형무소 두 곳을 새로 만든다는 결정이 내려질 정도였다. 그러나 이 '좌익수'의 상당수는 이른바 빨갱이와는 거리가 멀었다는 평가가 일반적이다.

1956년 서울 세종로. 제3대 대통령 취임식장에서 바라본 모습이다. 전쟁을 거치면서 극우 반공 체제가 한국 사회에서 위세를 떨치게 되었다. 사진 출처: e영상역사관

게 생활 신조처럼 돼버렸다. 선거 때도 조심해야 했다.

부역자로 몰린 사람도 굉장히 많았다. 그렇게 부역자로 죽은 가족도 그렇고 감옥소에서 고생하는 부역자와 그 가족들은 아무런 말도 할 수 없게 된 거다. 아, 제주도처럼 한날한시에 집단 학살당한 마을에서 통곡조차 할 수 없었던 시절이 있었지 않았나. 연좌제도 아주 심했다. 억울하게 학살된 가족이건 부역자 가족이건 감시를 받았고 취직도 어려웠다. 이런 상황에선 이승만 권력이 요구하는 대

한국전쟁

로 묵묵히 따를 수밖에 없다는 현실 순응주의가 공포감과 결합하면서 강력한 극우 반공 체제가 만들어진 거다.

── 극우 반공 체제는 이승만 정권 붕괴 후에도 사라지지 않았다.

박정희 유신 독재 때가 특히 심했지만, 독재 정권들은 반공 이데올로기와 함께 분단을 최대한 활용해 독재를 강화하고, 그것을 수호하는 활동을 해왔다. 그런 것들도 따지고 보면 다 한국전쟁으로 귀착이 된다. 그런 의미에서도 한국전쟁 시기에 수많은 살상과 집단 학살, 동족상잔 같은 있을 수 없는 일들이 있었다는 걸 잊지 말고, 다시는 그런 일이 되풀이되지 않게 해야 한다.

한국의 전 역사를 돌아봐도 한국전쟁 때 같은 규모의 학살과 동족상잔이 있었다는 기록은 찾아보기 어렵다. 그런데 일제의 압제에서 해방돼 새로운 사회로 발전시키자고 하는 길목에서 그런 끔찍한 일이 일어났다. 그리고 그것이 한국을 극우 반공주의로 가게끔 만들었다. 그렇기 때문에도 이런 전쟁은 다시는 절대 일어나서는 안 된다.

한국 문제는 전쟁을 통해서는
절대 해결되지 않는다

── 한국전쟁은 내전의 성격만이 아니라 국제전의 성격도 강하게 지니고 있다. 주변국들에도 한국전쟁은 대사건이었다.

한국전쟁은 한국뿐만 아니라 미국, 중국, 러시아, 북한에도 똑같이 큰 교훈을 줬다. 그리고 똑같이 귀일하는 지점이 있다. 뭐냐 하면, 한국 문제는 전쟁을 통해서는 절대 해결되지 않는다는 것이다. 한국전쟁 같은 전쟁이 한반도에서 다시는 일어나선 안 된다는 것이다. 미국은 미국대로 뼈저리게 느꼈고, 중국은 중국대로 얼마나 큰 희생을 치렀나. 승리했다고 주장은 하지만 굉장히 큰 희생을 치렀다. 러시아(한국전쟁 당시 소련)도 자기들이 일단 뒤에 물러서 있긴 했다고 하더라도 이 전쟁의 전개 과정을 아주 잘 알고 있다. 자신들이 관계돼 있다는 것도 잘 알고 있고.

난 주위에 있는 강대국들이 한반도에서 전쟁이 일어나길 절대로 바라지 않는다고 본다. 한국전쟁 경험을 통해 한반도에서 전쟁이 다시는 일어나게 해서는 안 된다는 걸 강대국들이 공통적으로 느끼기 때문이기도 하고, 전쟁이 일어나 북한이 파멸할 경우 보트 피플을 비롯한 엄청난 문제가 발생할 수 있기 때문이기도 하다.

북한의 경우, 한국전쟁이 일어난 직후 제공권과 제해권을 미국에 완전히 뺏겼다. 1950년 7월 초순에 이미 힘을 못 썼다. 7월 중순이 되면 북쪽의 해군력과 공군력이 무력해진다. 미국이 일방적으로 북한 상공을 장악하는 걸 볼 수 있다. 특히 휴전 회담이 진행되던 2년 동안 북한에 엄청난 폭탄이 쏟아졌다.

2013년에 출간된 김태우 박사의 책《폭격: 미 공군의 공중 폭격 기록으로 읽는 한국전쟁》에 이 내용이 잘 정리돼 있다. 당시 출격했던 미국 공군의 기록을 분석한 이 책에는 미국 공군이 북한의 수많은 도시를 폭격하기 이전과 이후의 상태를 비교하는 내용이 실려 있다. 그 책에는 미군이 출격하기 전 도시 사진과 미군이 출격한 후 미군에 의해 촬영된 폭격받은 도시 사진이 여러 장 나란히 실려 있다. 폭격 후 그 도시들은 완전히 잿더미가 됐다. 이런 걸 보면 북한이 미군의 폭격으로 얼마나 철저하게 파괴됐는지, 그 때문에 북한이 얼마나 전쟁을 무서워하게 됐는지를 알 수 있다.

물론 북한은 한국전쟁 이후에도 한반도를 사회주의로 통일시키려는 생각을 하고 있었다. 반공주의자들이 말하는 적화 통일이 그것이다. 하지만 그것하고 전쟁을 일으키는 것은 별개의 문제라고 본다. 물론 한국전쟁 이후 북한이 국지전을 생각해본 적은 있다. 예컨대 1960년대 후반에 그러지 않았나. 그러나 전면전 문제는 전혀 다르다. 난 한국전쟁의 공포가, 북한이 전면전으로 들어가는 것을 계속 막을 거라고 생각한다. 그만큼 한국전쟁 당시 북한의 피해가 컸다.

한국전쟁을 깊이 이해할수록
한국 사회가 잘 보인다

── 정전협정이 체결된 지 60년 넘게 지났다. 그렇지만 한반도는 여전히 긴장 상태다.

한국전쟁의 큰 교훈은, 한편으로는 학살이라든가 부역자 문제 등을 오늘의 시점에서 다시 새겨보는 것이다. 그와 동시에 다시는 그런 전쟁이 일어나게 해서는 안 된다는 것이다. 어떤 일이 있어도 전쟁만은 막아야 한다. 한반도 평화처럼 소중한 건 없다. 그게 한국전쟁의 최대 교훈이다.

그런데도 '확 싸지르자', 말하자면 '까불면 응징해야 한다'는

1951년 1월 북한 지역을 폭격하고 있는 미국
공군. 북한은 미군의 폭격으로 철저하게
파괴되었다.

식으로 긴장을 고조시키고 '전쟁도 좋다'는 극단적 사고를 하는 사람들이 지금 남한과 북한에 있다. 그건 굉장히 위험하다. 남한이나 북한이나 무서운 파괴 수단을 가지고 있는데, 이런 전쟁광적인 사람들에 의해 순간적으로 잘못 처리되면 어떻게 되겠나. 참으로 무서운 일이다. 평화의 기틀을 탄탄하게 만들기 위한 노력을 지금까지도 많이 했지만, 앞으로도 굉장한 노력을 기울이지 않으면 안 된다.

── 한반도 긴장 완화처럼 중요한 것은 없다.

2013년만 해도 큰일이 날 것처럼 느낄 수밖에 없는 분위기가 있지 않았나. 남쪽이나 북쪽이나 무섭게 나왔다. 그러면서 정말 최악의 상태까지 가는 것 아닌가 하는 느낌을 많은 사람에게 줬다. 그런 걸 생각하더라도, 긴장을 완화하고 평화를 정착시키며 구조적으로 자리 잡게 하기 위해 지혜를 다각도로 짜내고 활동으로 옮겨야 한다.

그와 동시에 한국전쟁이 가져다준 사회적인 큰 변화를 역동적으로 이해하는 것이 현대사를 이해하는 데 아주 소중하다. 경제 발전을 어느 한 사람과 연결해 생각하는 건 굉장히 단순한 사고다. 로마는 하루아침에 이루어지지 않았다고 누구나 얘기하면서 우리 경우에 대해선 그렇지 않게 생각하는 사람이 참 많다. 그런 오류를 범하지 않기 위해서도 한국전쟁이 문화, 경제, 사고, 습관, 생활 등 여러 면에서 어떤 변화를 가져왔는지 폭넓게 이해하는 게 중요하다. 그것은 우리 사회에 대한 자신이라고 할까 깊은 믿음을 갖게 하고, 평화를 구축하고 우리 사회를 민주주의와 인권으로 나아가게 하는데 큰 힘이 될 것이다.

한국전쟁을 깊이 이해할수록 현재 한국 사회를 잘 이해할 수 있다. 그리고 그건 우리 사회가 어떤 사회로 나아가야 할 것인가에 대해 나침반과 같은 역할을 해줄 수 있다.

전쟁을 거치며
한국 사회는 혁명적으로 바뀌었다

한국전쟁, 다섯 번째 마당

김 덕 련 이제 우리 민족의 큰 비극인 이산가족 이야기를 해보자.

서 중 석 전쟁으로 인해 전쟁고아, 전쟁미망인, 이산가족이 많이 생겼다. 전쟁이 나면 대개 남성은 총알받이가 되고 여성도 큰 고통을 당하는데, 한국전쟁도 예외가 아니었다. 내가 1948년생인데, 우리 또래가 전쟁고아가 많이 됐다. 1950~1960년대엔 고아원이 많았다. 남쪽에서 피란 가다가 어느 순간에 부모와 떨어진 남-남 이산가족이 많이 수용됐고, 북한에서 내려온 어린애들이 부모를 놓쳐 수용된 경우도 많았다.

고아원은 원조 물자 운용과도 관련이 많았다. 원조 물자가 그리로 많이 갔다. 많은 고아원이 원조 물자로 운영되다시피 했다. 고아원 운영을 외려 돈 버는 수단으로 이용하는 경우도 일부 있었다. 참고로, 원조 물자를 천주교, 개신교 단체에서 나눠준 경우가 많았다. 옥수수 가루를 나눠주던 것이 기억나는데, 종교 단체의 구호품 분배는 교인 수가 늘어나는 데 큰 영향을 주기도 했다.

정전 후 30년 만에야 이산가족 찾기 운동, 이승만·박정희는 왜?

── 정부 차원에서 전쟁고아 문제를 해결하기 위한 노력은 있었나.

내가 문제 삼는 게 그거다. 이승만 정부도, 박정희 정부도 고아원에 있는 아이들이 부모를 만날 수 있게 해주는 운동을 사실상 안 했다. 조금이라도 민民을 위한 정치를 하겠다는 사람들이었으면, 이

1955년 1월 고아원의 아이들이 고무신을 받아들고 즐거워하고 있다 1950년대엔 고아원이 많았다. 이산가족이 많이 수용됐고, 북한에서 내려온 어린애들이 수용된 경우도 많았다. 사진 출처: e 영상역사관

문제를 해결하려는 노력을 했어야 하는 것 아닌가.

1983년 KBS에서 이산가족 찾기 TV 생방송을 했다. 반응은 그야말로 대단했다. KBS 건물 담벼락엔 헤어진 가족을 찾는 벽보가 수만 장 붙었다. 이산가족 찾기 신청을 한 사람이 10만 명이 넘었고 이 중 1만 189명이 상봉했다.

당시 《신동아》 기자로 일하면서 매일 거기 가서 살다시피 했는데, 그때 생각을 많이 했다. '왜 이걸 10년 전, 20년 전에는 안 했나.' 반공 체제가 느슨해지고 긴장이 완화될까 두려워 안 한 것 아니겠나. 한국전쟁의 슬픈 이야기 중 하나다.

"보장하라 최저임금을!" 1955년 5월 1일 서울운동장에서 개최된 노동절 기념식에 참석한 여성 노동자들. 전쟁을 겪으며 여성의 사회적 지위에도 변화가 생겼다.

─── 전쟁을 겪으며 여성의 사회적 지위에도 변화가 생겼다고 앞에 서 이야기했다.

전쟁으로 엄청난 피해를 보긴 했지만, 그와 동시에 전쟁을 겪으며 변화된 여성의 모습이 나타났다. 조선 전기까지는 그렇지 않았던 것 같은데, 조선 후기 이래 여성들의 경제권과 사회적 권익이 아주 약화되고 여성이 경제적으로 남편에게 종속되는 면이 강했다. 그런데 한국전쟁으로 말미암아 남성이 많이 죽고, 또 크게 다쳤다. 그러다보니 여성이 집안을 꾸려야 하는 경우가 아주 많아졌다. 시부모를 봉양하고 시동생을 가르치고 자기 자식들도 먹이고 가르쳐야 하는 문제에 직면한 거다.

이에 따라 여성이 가장으로 나서거나 그전보다 집안일에서 더 주도적인 역할을 하게 됐다. 농촌뿐만 아니라 동대문시장, 남대문시장, 부산 국제시장처럼 도시에 있는 큰 시장들에서도 여성이 중요한 역할을 하게 된다. 이건 전쟁 이후 변화된 여성상과 직접적인 관련이 있다. 상당히 큰 포목점 같은 걸 하면서 시장에서 힘을 발휘했고, 그게 안 되면 명동에서 달러상을 하거나 극장에서 암표상이라도 했다. 남성들이 어쩔 수 없이 여성의 사회적·경제적 진출을 인정할 수밖에 없는 상황으로 점점 가게 된 거다. 그전과 비교하면 큰 변화다.

—— 다른 측면에서도 적잖은 변화가 있었다.

경제적 진출 확대 못지않은, 어떤 면에선 더 큰 게 성의 변화라고 볼 수 있다. 지금도 세계에는 여성에게 극도의 정절을 강요하는 사회가 있지 않나. 우리 사회에도 그런 것이 조선 후기부터 해방 직후까지 있었다. 여성이 정조를 뺏기면 자살해야 하는 경우가 생기고, 싫어하는 남성이라 하더라도 그 남성이 윽박질러 성관계를 맺으면 결혼해야 하는 것처럼 생각하는 풍조까지 있었다. 그만큼 여성의 성이 무시당했다.

자주 생각나는 사례가 있다. 일제 때 사회주의 양대 세력이 있었는데, 그중 한쪽 활동가의 부인을 반대편 사회주의자가 강제로 욕보인 일이다. 일제 때는 남편과 부인이 맹렬 사회주의자인 경우가

째 있었다. 이 경우도 그랬다. 그런데 병으로 한쪽 편의 유명한 사회
주의자가 죽자, 상대편이 역시 사회주의자였던 그 부인을 겁탈한 것
이다. 이 일로 그 여성은 자살했다. 난 그 여성이 목숨을 끊은 건,
여성이 성적으로 치욕을 당하면 자살해야 한다는 풍조를 따른 건
아니라고 본다. 그 여성이 그 정도 수준은 넘었을 거라고 본다. 문제
는 반대편 사회주의자다.

사회주의자라면 근대적인 연애 사상을 갖고 성 문제에 대해서
도 그렇게 사고해야 하는 것 아닌가. 그런데 가장 전근대적인 방식
으로 여성을 굴복시키고 욕보임으로써 상대 파벌을 욕보이고 굴복
시키겠다는 식의 사고를 하고 여성에게 그렇게 했다. 이런 게 한 시
대의 분위기를 잘 얘기해준다. 한국 사회가 그런 면이 강했다. 그런
데 한국전쟁을 겪으면서 분위기가 많이 변했다.

《자유부인》이
중공군 50만에 해당하는 적?

── 그런 모습을 잘 보여주는 사례로는 어떤 것이 있나.

대표적인 게 정비석 소설 《자유부인》이다. 1954년 정초부터 서
울신문에 연재돼 아주 큰 사회적 센세이션을 일으켰다. 대학교수,
변호사, 문인, 그리고 작가 정비석 사이에 아주 재미난 논쟁이 벌어
졌다.

제일 문제가 된 게 교수 부인이 연애를 할 수 있느냐는 거였다.
한 서울대 교수는 '저속하다'고 지적했다.[•] 교수 부인이 대학생하고

키스하고 품에 안겨 댄스까지 했다는 건 도무지 용납될 수 없다는 게 보수적인 정치인과 '상류' 여성들의 사고였다. 당국에선《자유부인》이 현실을 어둡게 묘사했다며, 정비석이 빨갱이들의 사주를 받고 그런 걸 쓴 것 아니냐고 불러서 추궁했다. 뭔가 사건만 생기면 빨갱이하고 연루시키는 게 그 당시 사회 분위기였다. 노동 문제만 생기면 다 '배후에 빨갱이가 있다'고 하고, 1960년 마산의거가 생기면 또 '배후에 빨갱이가 있다'고 하면서 족치던 사회 아니었나. 정비석도 당국에 끌려가 조사를 받아야 했다.

── 참 특이한 사회였다.

그땐 그런 사회였다. 1956년 영화로도 나왔는데, 이때는 검열에 걸렸다. 제일 문제가 된 게 키스신이었다. 대학생과 포옹하는 장면, 댄스신도 풍기 문란이라고 문제 삼았다. 그런 이유로 상영을 못하게 해 사회 문제가 됐다. 그래서 나중에 일부 장면을 삭제하고 상영했다.°°

영화는 공전의 히트를 쳤다. 그 무렵엔 〈자유부인〉처럼 10만 명넘게 본 영화가 별로 없었다. 소설도 많이 팔렸다. 그때는 5만 부 이상 팔린 책이 거의 없었다.《자유부인》하고《얄개전》,《영어구문론》이 당시 5만 부를 넘긴 책들이다.°°°

° 서울대 법대 황산덕 교수다. 황 교수는 '교수 모욕', '중공군 50만 명에 해당하는 적'이라고《자유부인》을 비판했다.
°° 개봉 전날 정오까지 상영 허가가 나지 않았다. 키스신 등을 덜어낸 후에야 겨우 개봉할 수 있었다.
°°° 소설《자유부인》은 14만 부나 팔렸다.

영화 〈자유부인〉 포스터와 스틸컷. 이 영화는
공전의 히트를 쳤다. 10만 명이 넘는 관객들이
영화를 봤다. 감독 한형모, 주연 박암, 김정림,
1956년 개봉.

— 키스신이 그렇게 큰 논란이 됐다는 게 요즘 세대 눈엔 신기하게 비칠 것 같다.

재미난 글이 있었다. 한국일보 사설로 기억하는데, 이런 내용이었다. '도대체 지금 우리 사회에 남 앞에서 키스를 하는, 무지몰각하고 비도덕적인 짓을 하는 사람이 있다는 것을 개탄해 마지않는다.' 한마디로 키스신을 용납해선 안 된다는 거였다. 그 영화가 문제가 됐을 때 일부 국회의원은 물론 여성 운동을 주도하던 사람들도 상영을 반대했다.* 참고로, 키스신이 들어간 최초의 한국 영화가 〈자유부인〉은 아니다. 1954년에 나온 〈운명의 손〉이라는 간첩 영화에 처음 등장했다.

전쟁과 여성,
그리고 1950년대

— 〈운명의 손〉 역시 〈자유부인〉을 만든 한형모 감독이 만들었다. 〈운명의 손〉 여주인공이 입술에 담뱃갑의 셀룰로이드를 붙이고 키스신을 찍었음에도, 여주인공의 남편이 감독을 고소하는 한편 남자 배우를 죽이겠다고 협박했다는 기록을 본 적이 있다.

1955년엔 박인수 사건이 일어났다. 이화여대생을 포함한 70여

---

* 여성 단체는 소설 《자유부인》이 논란이 됐을 때 여성을 모독하는 작품으로 《자유부인》을 공격하기도 했다.

명의 여성을 농락한 사건으로 알려져 있는데, 당시 두 가지가 화제가 됐다. 하나는 이 여성들 중 이른바 '처녀'는 1명뿐이었다는 박인수의 진술이다. 여대생이 별로 없던 시절이었고, 이대생이라 하면 지위가 대단한 사람으로 이해되던 때라 더 화제가 됐다. 사회 전반적으로 성적으로 문란했는데도 여성한테만 아주 심하게 정조를 요구하던 때여서 더 그런 측면도 있다. 다른 하나는 1심 판결에서 판사가 "법은 정숙한 여인의 건전하고 순결한 정조만 보호할 수 있다"고 판시한 것이다. 박인수와 관계를 맺은 여성 쪽이 잘못한 거라는 판결이었다.• 이 재판은 2심에 가서 뒤집혔다.

그런데 이 시기 재판에 지금 생각하면 이색적인 면이 있었다. 여성들이 간통죄 사건 재판정에 그렇게 많이 몰려들어서 항의하고 소리를 질렀다. 법정에 못 들어간 여성들이 창문에 매달려 지켜보는 일도 있었다. 전 부흥부 차관 부인의 간통죄 사건 때는 여성들이 법정을 메우고, 차관을 욕하면서 부인을 응원했다. 부인이 무죄 선고를 받자 여성들의 함성 소리가 법정에 울려 퍼졌다고 한다. 여성들이 그간 쌓이고 쌓인 억울함을 그렇게 풀며 재판에 적극 참여하는 모습이 나타난 거다.

—— 그런 측면과 다르게, 대체로 이 시기 여성의 삶은 고단하고 사회적 지위 또한 여전히 낮지 않았나.

축첩이 굉장히 많던 시대였다. 조선 후기에도 그렇고 일제 때도

• 이런 논리에 따라 박인수는 1심에서 공무원 사칭 부분만 유죄 판결을 받고, 간음 부분에 대해서는 무죄를 선고받았다.

박인수 사건을 보도한 당시 신문 기사. 1심 판결에서 판사는 "법은 정숙한 여인의 건전하고 순결한 정조만 보호할 수 있다"고 강조했다.

그렇고, 축첩을 남자의 위신을 세우는 방편처럼 여기는 아주 나쁜 풍조가 있었다. 전쟁으로 남성을 잃은 여성이 많았는데, 이들에겐 생계를 유지할 수 있는 방법이 많지 않았다. 성적 욕구를 해결할 방법도 마땅치 않았다. 그래서 경찰, 군인, 지역 유지 등의 첩으로 가는 경우가 많았다.

미군을 비롯한 군대가 주둔하는 곳의 기지촌 여성들의 삶도 고단했다. 이렇게 몸을 팔거나 첩이 돼야 하는 기구하고 고통스러운 일이 늘어난 것도 전쟁과 관련 있다.

그러나 전쟁을 거치면서 성적 자유가 확대되는 측면이 있었던 것 또한 사실이다. 댄스홀이 1950년대에 많이 퍼진 것도 그런 변화의 하나로 볼 수 있다. 1960년대에 5·16쿠데타 정권이 한 일 중 하나가 비밀 댄스홀을 습격해서 거기 있던 남녀를 잡아들인 거였다.

깡패 소탕과 마찬가지로 비밀 댄스홀 습격에 대해 개가를 올린 걸로 보도하고 그랬다. 어쨌건, 전쟁을 거치면서 성적 자유가 확대된 것과 함께 당하기만 하던 여성의 항의가 늘어나고 그게 여론이라는 이름으로 등장하는 양상이 나타났다.

억울한 죽음,
그럼에도 시신조차 수습하기 어렵던 시대

── 다른 주제에 대해 이야기해봤으면 한다. 2013년 6월, 한 조사에서 고교생 응답자의 69퍼센트가 '6·25는 북침'이라고 답했다고 언론이 보도하자 박근혜 대통령이 이를 인용해 역사 교육이 문제라고 강조해 논란이 일었다. 박 대통령은 그 직후 한국전쟁 참전 용사들과 함께한 자리에서 "6·25전쟁을 정확히 알리는 올바른 역사 교육을 반드시 해나갈 것"이라고 강조했다.

고교생은 말할 것도 없고 대학생 중에도 한국전쟁, 4월혁명, 6월항쟁 같은 현대사의 중요한 문제에 대해 잘 모르는 경우가 많다. 역사 교육을 제대로 하지 않고 있다는 이야기가 계속 나오지만, 교사들이 학교에서 제대로 가르칠 시간도, 여건도 마련돼 있지 않다. 근현대사는 더욱 그러하다. 그리고 논란이 된 조사에서 중요한 건 문항을 어떤 식으로 제시했느냐다. 노인 세대는 하도 많이 들어서 쉽게 알아듣겠지만, 젊은 세대에게 남침, 북침은 어려운 단어다. 양자를 구분하기가 쉽지 않다. 그런 이유로 조사 결과가 사실과 다르게 나올 수 있는 거다. 그런 건데, 대통령이 과잉 반응을 한 측면이 있다.

— 해마다 6월이 오면 어김없이 '잊지 말자 6·25'를 강조하는 보
　도가 적지 않다.

　　전쟁이 끝난 지 이미 반세기 넘게 지났다. 역사적으로 한국전
쟁을 어떻게 되돌아볼 것인가, 어떻게 기억할 것인가 하는 문제에
대해 40~50년 전과 지금은 관심 분야가 많이 다를 수밖에 없다. 현
재 시각에서 생각해볼 필요가 있다.

　　'잊지 말자 6·25', '상기하자 북괴 만행' 같은 것들은 1950~1970
년대에 많이 나왔던 구호들이다. 아주 강렬한 색채의 그런 반공 구
호들이 지금도 적절한 건지 생각해봐야 한다. 1987년 6월항쟁 이전
까지는 극우 반공주의가 위력을 발휘했다. 그렇기 때문에 '잊지 말
자 6·25', '상기하자 북괴 만행'에 초점을 맞춰 한국전쟁을 이해하는
경우가 많았다. 그런데 그 속엔 수십 년 동안 꽉 막혀 질식된 것들
이 있었다. 뭐냐 하면, 한국전쟁 기간 동안 학살 피해를 비롯한 엄청
난 수난과 고통이 발생했다는 것을 객관적으로 이해할 수 없게 만
든 것이다.

— 1950~1960년대 분위기에 대해 더 구체적으로 이야기해줬으면
　한다.

　　내가 어릴 땐 한국전쟁의 참화가 그대로 남아 있었다. 부모가
전쟁 때 죽었다는 집도 꽤 여럿 있었다. 집단 학살이란 말이 의미하
듯이 한 마을에서 수십 명이 같은 날 죽은 경우도 많지 않나. 그런

1954년 북진 통일 궐기대회에서 한 학생이 지붕 위에 올라가 '북진 통일' 구호를 외치고 있다. 한 학생은 교복, 교모에 혁대를 차고 목청껏 부르짖고 다른 학생은 호루라기를 불며 분위기를 띄우고 있다. 1950년대 극우 반공 분위기를 엿볼 수 있는 장면이다. 사진 출처: e영상역사관

데 서로 얘기하기를 아주 꺼렸다. 동네에서 함께 제사를 지낼 수도 있었지만 그러지 못하거나 곡도 제대로 하기 어려운 경우도 있었다. 겁이 나서 시신조차 수습하지 못하는 일도 꽤 있었다.

── 시신을 수습하다가 자칫하면 빨갱이로 몰릴 수도 있었기 때문 아닌가.

당장 잡혀가거나 어떻게 될까봐 못하기도 했고, 연좌제가 작동하고 있었기 때문이기도 했다. 연좌제에 걸리면 육사 입학이나 공무원 임용은 물론이고 1970년대에 중동 같은 해외에 나가는 데도 여권 발급과 관계가 있는 신원 조회 문제로 제약이 많았다. 연좌제에 걸린 사람 중 많은 수는 학살 피해 가족이었다. 군대와 경찰이 마구잡이로 죽였는데, 살아남은 가족들은 그 이후까지 큰 고통을 당해야 했다. 1950년대엔 이런 문제에 대해 쉬쉬했다. 벙어리 냉가슴 앓듯 아무 말도 못했고 사회 문제화할 수도 없었다.

그러다 6월항쟁이라는 새로운 역사적 계기가 생기면서 비로소 보도연맹 학살을 비롯해 한국전쟁을 전후해 벌어진 그 엄청난 민간인 학살이 어떻게 일어났는지에 대해 말할 수 있게 됐다.

— 그런 의미에서 6월항쟁은 현대사의 분수령이라는 생각이 든다.

한 가지 덧붙이면, 1950년대에는 '북괴의 학살 만행'이란 말을 그렇게 많이 했던 것 같진 않다. 이승만 대통령의 6·25 담화들을 찾아서 쭉 읽어봐도, 인민군 또는 북한 공산당의 집단 학살 만행을 언급하는 대목이 별로 없다. 군경에 의한 집단 학살이 벌어진 직후였기 때문에 대통령 담화에도 그런 상황이 반영된 것 아닐까 싶다, 학살 만행을 언급하더라도 1970년대에 언급한 것과는 어감이 많이 다른 것도 그 때문 아닌가 하는 생각이 든다.

그 후에도 집단 학살이라는 말은 잘 안 쓰고 대개 '북괴의 학살 만행'이라고 불렀는데, 이게 집중적으로 교육된 건 1970년대에 들어오면서다. 그에 앞서 1968년에 김신조를 비롯한 북한 게릴라들의 청와대 습격 시도 사건, 푸에블로호 사건, 울진·삼척 무장 게릴라 침투 사건이 터졌지만 그때만 해도 그런 교육이 그렇게 심하진 않았다. 그런 교육이 집중적으로 이뤄진 건 유신 체제, 특히 1975년 인도차이나 사건[*] 이후다.

한국전쟁과 군대의 팽창, 그리고 박정희

— 앞에서 박근혜 대통령과 한국전쟁에 관한 이야기를 잠시 했다. 박 대통령 하면 빼놓을 수 없는 인물이 박정희 전 대통령이다. 여순사건 후 진행된 숙군, 즉 군대 내 좌익 색출 과정에서 예편을 당한 박 전 대통령은 한국전쟁 발발 직후 현역으로 복귀했다. 이를 감안할 때 박 전 대통령이 부활할 수 있는 길을 한국전쟁이 열어준 것 아니냐는 의견도 있다.

어떤 글인가에서 '6·25전쟁이 박정희를 살렸다'는 논조로 쓴 걸 읽고 실소를 금할 수 없었다. 이렇게도 해석을 하는구나 하는 생각이 들더라.

1948년 여순사건 이후 군 프락치 색출 작업이 진행됐다. 그 속에서 박정희가 남로당의 중요한 프락치였다는 것이 드러났다. 그러면서 박정희가 자료에 따라 사형으로도 나오고 무기징역으로도 나오는데 중형을 선고받고 군복을 벗게 된다. 이것이 전쟁이 일어나기

● 베트남·캄보디아·라오스 공산화.

전 박정희의 모습이었다.

숙군 과정에서 상당히 많은 장교가 처형을 당했다. 그런데 박정희는 살아났다. 그 이유에 대해 많은 사람이 '박정희가 굉장히 기회주의적인 것 아닌가. 남로당에 들어간 건 사회주의자였던 형 박상희(5·16쿠데타의 주역인 김종필의 장인)가 10월항쟁 때 구미에서 죽임을 당했기 때문이기도 하겠지만 어쨌건 당시 남로당이 세력이 있어 보였기 때문인 것 같은데, 잘 안될 것 같으니 같이 일했던 남로당 프락치들의 인적 사항을 알려주고 혼자 살아난 것 아니냐'고들 한다. 또 군부 내에서 세력이 강했던 백선엽·김창룡 같은 '만군파'(일제 때 만주군 출신 인사들)가 적극 구명한 덕에 살아난 것 아니냐고도 이야기한다. 그런 것들과 함께, 박정희가 살아난 건 가장 중요한 정보를 줬기 때문이 아니겠는가, 그만큼 사람이 자기 자신을 180도 바꾼 것이고 그것을 해당 기구에서 인정했기 때문에 살아남은 것 아니겠느냐고 이야기하기도 한다.

한국전쟁이 난 후 김창룡이 바쁘게 움직였다. 그중 하나가 김구를 암살한 안두희를 복직시킨 것이었다. 안두희는 전쟁 발발 당시 감옥소에 들어가 있었다. 재판정에서 안두희가 '대한민국을 위해 김구를 살해할 수밖에 없었다'고 하니까 변호사가 '안두희는 국가에서 표창해야 할 인물'이라고 했고, 공판장 주변엔 '안 의사'라고 치켜세우는 벽보가 붙고 그랬다. 이승만 정부는 구속되어 재판을 받고 있는 안두희의 계급을, 그것도 두 계급이나 올려주기까지 했다. 전쟁이 발발하자 곧바로 군은 안두희를 복직시키고 나중에 예편할 때까지 아주 편안하게 잘 모셨다. 그야말로 파격적인 대우를 잇달아 한 것이다. 어떤 특명 아래 움직여 그렇게 됐다고 봐야 한다.

같은 일이 박정희한테도 일어난다. 군에 복귀할 수 있게 된 거

1950년 38선의 모습. 한국전쟁은 남한과
북한을 극도로 단순화된 사회로 만들었다.
남북 모두 군인이 지배하는 사회로 나아가게
하는 데 결정적으로 기여했다. 남한의 경우,
30년간 군대의 획일화된 사고와 문화가 사회를
지배했다. 그런 단순화가 지금까지도 한국
사회를 괴롭히고 있다.

다. 강제 예편을 당한 후 박정희는 육군본부 정보국장이던 백선엽의 배려로 정보국에서 문관으로 일하다 전쟁을 맞았다. 그리고 전쟁이 난 직후 현역으로 돌아왔다. 만군파가 봐주었다고 하지만 전쟁이 일어나지 않았다면 박정희가 그렇게 쉽게 군복을 다시 입기는 어려웠을 거다.

박정희는 군인으로서 그다지 눈에 띄는 인물이 아니었다. 전쟁 중에 군공을 세우거나 한 것도 별로 없었다. 소득이 있었다면, 군에 다시 복무하게 되면서 육영수하고 재혼하게 된 거다. 전체적으로 한국전쟁이 박정희에게 좋은 기회를 만들어준 건 틀림없다. 박정희가 전쟁의 덕을 톡톡히 본 건 맞지만, 6·25가 박정희를 살려줬다고까지 보는 건 과한 표현인 것 같다.

─ 박 전 대통령 개인사와 별개로, 한국전쟁을 거치며 군대가 급속히 팽창했다는 건 짚어야 할 대목이다. 그걸 통해 5·16쿠데타의 토대가 마련된 셈이다. 그런 의미에서도 한국전쟁은 정치에 큰 영향을 끼친 게 아닌가 한다. 북한 역시 한국전쟁을 겪으면서 그 이전보다 더 김일성 중심으로 권력이 재편된 것도 주목할 만하다.

한국전쟁은 남한과 북한을 극도로 단순화된 사회로 만들었다. 남쪽은 극우 반공 체제가 됐다. 북쪽도 마찬가지인데, 본래 북한 정권이 수립될 때는 여러 세력이 권력을 나눠 가졌으나 전쟁을 겪으며 숙청이 계속됐다. 그러면서 나중에 수령 유일 체제로 가게 된다.

한국전쟁은 남과 북에서 모두 한쪽으로 치우친 권력을 갖게끔 했고, 남북 모두 군인이 지배하는 사회로 나아가게 하는 데 결정적으로 기여했다. 남한의 경우, 30년간 군대의 획일화된 사고와 문화가 사회를 지배했다. 그런 군인 문화와 획일적인 사고가 지금까지도 한국 사회를 괴롭히고 있지 않나.

군의 팽창도 중요한데, 전쟁이 일어났을 때는 10만도 채 안 되던 육군이 1950년 12월에 10만 명이 됐다. 그렇지만 전쟁 발발 1년이 된 시점에도 27만여 명밖에 안 됐다. 1952년 6월에도 37만여 명이었다. 그러다가 전쟁이 끝날 때는 60만에 육박했다.

이승만 대통령이 1953년 10월 한미상호방위조약을 맺고 미국에 계속 요구하면서 병력이 72만까지 늘었다. 미국이 경고를 많이 했다. 병력이 너무 많으면 나중에 큰 짐이 될 거라고. 당시 국방비는 대부분 미국 원조로 충당했다.° 그렇다고 해도 한국 정부가 져야 하는 짐도 많을 수밖에 없었다. 72만 병력을 도무지 어떻게 할 수 없으니까 나중에 60만으로 감축하게 된다.

장교들은 미국 가서 연수와 훈련을 받으면서 강한 엘리트 의식을 갖게 된다. 집단성이 강한 조직이기도 했고. 1950년대 말부터, 한국은 군대가 지배하는 사회로 갈 가능성이 있다는 이야기가 나왔는데, 5·16쿠데타로 현실화된 거다.

── 못다 한 이야기는 다음 기회를 기약하고 이만 정리했으면 한다.

해방과 한국전쟁은 한국 사회를 혁명적인 상황으로 바꾸어놓았다. 다만 신기할 정도로 한국 사람들이 그걸 잘 인식하지 못했다.

° 미국이 제공한 원조 물자를 팔아 마련한 돈을 대충자금이라고 했는데, 대충자금 지출 중 가장 큰 항목은 국방비였다.

해방과 한국전쟁은 한국 사회를 연속 혁명으로 변화시켰는데, 우리가 이 점을 대개 놓치고 있다. 이제라도 깊이 있게 이해할 필요가 있다.

민간인
집단 학살

"수십만 죽이고 30년 넘게 침묵…
참 무서운 한국"

민간인 집단 학살, 첫 번째 마당

김 덕 련 이번 이야기 주제는 한국전쟁 전후 민간인 학살이다. 한국의 전 역사에서 이때처럼 대규모 학살이 이뤄진 적도 없는 것 같다. 아울러 이 시기 내내 학살이 같은 강도로 일어나는 건 아니다. 주로 언제 일어났나.

서 중 석 우리가 해방을 감격스럽게, 꿈같이 맞이하지 않았나. 그런데 학살이라는 끔찍한 비극이 일어났다. 분단도 있을 수 없는 일이었지만, 그런 참혹한 학살은 인간 사회에서 도무지 생각할 수 없는 일이었다. 세계 어디에서도 찾기 어려운 일이었다. 일부 극우는 신생 국가에서는 다 그런 일이 일어나는 것처럼 주장하지만, 그렇지 않다. 한국은 신생 국가도 아니지만, 다른 나라에서는 그렇게까지 참혹한 일이 일어나지는 않았다.

주민 집단 학살로 나타난 이런 비극은 전근대 시기에도 찾아보기가 아주 어렵다. 현대에 들어와서 너무나도 큰 잘못을 저지른 거다. 1945년에서 1948년 사이 미군정 시기에도 학살 비슷한 현상이 없었던 건 아니지만 큰 규모의 주민 집단 학살이 주로 일어나는 건 1948년 11월(제주 4·3사건 당시 학살이 본격적으로 일어난 시기)부터 1951년 봄까지다. 전쟁 때도 전체에 걸쳐 학살이 일어난 게 아니다. 주로 1951년 1~2월(거창 민간인 학살이 발생한 때가 1951년 2월이다)까지 일어난다. 물론 그해 3월과 그 이후에도 있긴 하다.

"학살 규모,
10만에서 50만 사이로 봐야"

— 학살 규모도 논란이다.

학살당한 사람이 전부 몇 명이나 되느냐, 이것도 논란이 많은 부분이다. 그러나 자료를 제시해가면서 명확히 이 정도 된다고 얘기할 만한 정도의 조사나 연구가 돼 있지 않다. 그렇기 때문에 대개 어림 추산으로 하고 있다. 그래서 해방 후 집단 학살당한 사람이 한 100만 명 된다고 얘기하는 사람도 있고, 또 전쟁을 전후한 시기에 100만 명 정도 학살당했다는 학자들도 있다. 이런 부분은 얘기하기 어려운 점이 있지만, 과연 100만 명까지 학살됐겠는가 하는 생각이 든다. 그것보다는 적을 수 있다는 생각을 많이 한다.

— 그렇게 생각하는 근거는 무엇인가.

아까도 얘기했지만, 학살은 1948년에서 1951년 사이에 주로 일어났다. 그리고 남북한 전체에 걸쳐 일어나기는 했지만 주로 논의 대상이 되는 건 남한에서 일어나는 학살을 가리킨다.

100만 명이라고 추산하는 사람들의 주장에서는 인구가 중요한 역할을 한다. 인구가 예컨대 해방된 해에 몇 명이었는데 1952년, 1953년엔 몇 명이다, 이런 걸 가지고 얘기한다. 물론 인구를 가지고 이야기하는 사람들도 전쟁 시기 굶주림이나 질병으로 죽은 사람들의 숫자를 무시하는 건 아니다. 다 계산에 넣어도 학살당한 사람이 100만 명은 될 것이라고 추정하는 거다.

1950년 7월 대전형무소 재소자가 학살되는 장면. 이때 무려 1,800여 명의 정치범 및 보도연맹 관련 민간인이 군경에 의해 집단 학살되었다.

그러나 이 시기에 굶주림이나 질병으로 죽은 사람이 무척 많아 보인다. 또 전쟁 시기에는 출산율 저하가 심했다. 전쟁이 끝난 후 1950년대 중반부터 베이비붐이 아주 크게 일면서 1960년대까지 이어지지 않나. 그것엔 전쟁 시기에 아기를 많이 못 낳았다는 점도 작용했다고 볼 수 있다.

학살과 관련해 제일 알기 어려운 부분이 공습 피해다. 전쟁하다가 비행기에서 폭탄이 떨어져 군인이 죽는 경우도 있지만, 상당히 많은 민간인이 미군 폭격기에 의해 죽어가는 기록이 아주 많이 나온다. 피란민을 적으로 착각해 폭격하거나 엉뚱한 데 오폭하는 일도 많았다. 이리시(지금의 익산시) 폭격처럼 도무지 이해할 수 없는 폭격도 있었다. 이렇게 죽은 사람이 어느 정도 되느냐, 이건 알기가 어렵다. 공중 폭격으로 죽은 사람은 대개 피란 가던 사람들이었기 때문이다.

공중 폭격이 아니라 군경에 의해 죽은 사람 중에서도 그 규모를 제일 알기 어려운 게 피란민이다. 피란민이 명찰을 달고 다니는 건 아니지 않나. 한 지역에서 다른 지역으로 옮겨가는 중에 죽은 것 아닌가. 그래서 이걸 조사하기가 매우 어렵다. 그렇다고 폭격을 한 미군이 그걸 잘 기록해놓았느냐 하면 그렇지도 않다. 앞으로 더 많은 조사와 연구가 있어야 한다.

학살로 이 시기에 대단히 많은 사람이 죽었는데, 인원을 더 정확하게 추정하려면 조사와 연구가 더 많이 이뤄져야겠다는 생각이 든다.

── 학살 규모를 수십만으로 표현하는 경우가 적잖은 것도 그런 사정 때문으로 보인다. 수십만이라 하면 최소 10만 명은 넘는다는 뜻이다.

아, 10만이 넘는 건 확실하다. 그러니까 수십만이라고 하는 게 맞을 거다. 10만에서 50만 사이로 봐야 하지만, 거기서 어디쯤 해당하느냐 하는 것은 지금까지의 조사와 연구로는 알 수가 없다.

── 이 시기 전체 사망자에서 전투 중 죽은 군인, 그리고 민간인 사망자 중 굶주림이나 질병으로 죽은 사람 등을 제외하고 학살된 인원을 골라내는 문제로 보인다.

질병이나 굶주림으로 죽은 사람, 피란살이하다가 피치 못할 일이 생겨 죽은 사람은 학살 피해자라고 보기 어렵다. 그건 다른 걸로 분류해야 한다. 학살은 가혹한 행위를 통해 다수를 죽이는 걸

민간인 집단 학살

주로 가리킨다. 학살은 대개 집단적으로 이루어진다. 또 군인, 경찰이나 청년 단체 등이 주로 저지른다. 학살이라고 부를 때에는 불법이라는 의미가 진하게 깔려 있다.

희생자=빨갱이?
억울한 죽음 후에도 당해야 했던 마녀사냥

—— 학살 피해자는 어떤 사람들이었나. 희생자들이 시쳇말로 빨갱이였던 것 아니냐고 보는 시각도 있다.

극우 반공 세력은 희생자들을 빨갱이로 몰아가려는 경향이 있다. 가장 많이 집단 학살당한 사람들은 보도연맹원이다. 국민보도연맹은 사실상 1949년 4월에 만들어졌지만 대외적으로는 6월 5일 만들어진 것으로 되어 있다. 건국준비위원회 치안대, 인민위원회와 조선노동조합전국평의회(전평), 전국농민조합총연맹(전농), 조선청년총동맹(전총), 조선부녀총동맹 등 좌파로 분류되는 단체나 각종 문화 예술 단체, 조선공산당, 남로당, 좌파로 분류되는 정당에 가입했던 사람들을 보도연맹에 가입하게 한 것으로 보인다. 또 좌파가 연 3·1절 기념식 등 대규모 기념식에 참가하거나 각종 행사에 참가한 사람들도 가입하게 했다고 한다. 보도연맹원 가입자 중에는 소설가 황순원처럼 왜 가입했는지 밝혀지지 않은 사람들도 적지 않다.

그런데 보도연맹 가입자와 관련해서는 해방 직후의 상황을 잘 살펴야 한다. 해방은 혁명적인 성격이 강했다. 시민 혁명, 사회 혁명적인 성격이 대단히 강했다. 그래서 새로운 사회를 갈망하면서 단체를 만든 경우가 많았다. 예컨대 농민들은 '소작료를 낮추거나 없애기 위해서는 단결해야 한다. 농민 조직에 들어와라' 그러면 거기에 들어갔다. 또 부녀동맹 같은 단체에서 '여성이 과거에 학대당하지 않았느냐. 여성의 지위를 찾아야 한다. 이젠 인권을 주장해야 하는 거다' 이러면 또 거기에 들어갔다. 그렇게 수많은 단체에 수많은 사람이 가입해 집회도 열면서 활동을 많이 했다.

희생자 중엔 이런 사람들도 많은데 이 사람들이 어째서 빨갱이냐. 이건 빨갱이다 하는 것을 떠난 문제다. 해방 직후 상황에서 필연적으로, 특히 우리나라처럼 일제 때 오랫동안 투쟁했고 일제의 침탈이 워낙 심해 그것에 대한 반발이 아주 컸던 곳에서는 그만큼 해방이 열광적으로 받아들여지는 측면이 있었다. 해방 후 변혁적 열망, 사회 혁명적이고 시민 혁명적인 변화가 굉장히 크게 일어났던 거다.

—— 제주도의 경우는 어떤가.

단일 지역으로는 학살이 제일 많이 일어난 제주도 같은 경우 '지역에서 활동하는 청년들이 정말 우리 제주도를 위해 일하는 사람들이 아니냐', 이런 생각을 주민들이 많이 했던 것 같더라. 육지에 대한 반발심도 강했다. 육지에서 온 경찰이나 우익 청년단이 제주도에서 심하게 횡포를 부린 게 크게 작용했다. 이것에 대한 반발로 제주도 사람이 단결한 측면도 있었다. 그런가 하면, 집단 학살이 일어날 때는 군경 보는 게 제일 무섭잖나. 어떤 일이 있어도 군경을 피해야 하는 상황이었다. 그러니까 중산간 어디로 도망친다든가 산으로 피신하는 경우가 부지기수로 나타났다. 강요배 화백 그림에 그런 장면들이 얼마나 잘 그려져 있나. 그런 사람들을 어떻게 빨갱이로 볼 수 있나. 나는 도저히 이해가 안 간다.

── 정부 말을 믿고 따랐다가 학살된 이들도 많았다.

4·3에 대한 연구도 많지만, 보도연맹에 대해서도 지금까지 많은 연구가 이뤄졌다. 거기에 어떤 사람들이 가입했느냐에 대해서 논란이 많다. 앞에서 이야기한 경우 외에도 여러 가지 사례가 있었다. 사실 좌익 활동에 앞장선 남로당원 등은 이미 많이 도피한 상태였다. 그런데 지역별로 보도연맹 가입 할당 인원 같은 게 작용하면서 수많은 사람이 일종의 관제 빨갱이 비슷한 식으로 됐다. 제대로 알지도 못하는 상태에서 '보도연맹에 가입하면 보호해준다', '여러 편익을 준다' 이런 얘기 때문에 가입한 경우도 있다. 이에 관한 증언이 다양하게 나오고 있다. 자료도 나오고 있고.

── '자백서'도 있었던 걸로 알고 있다.

'자백서'라는 것도 문제였다. 보도연맹에 가입하면 완전하게 자백서(양심서)를 쓰게 했는데, 가장 중요하게 써야 할 사항이 같이 활동한 사람들의 이름을 기입하는 것이었다. 자백서를 제대로 썼는가를 확인하기 위해 1년 동안 줄곧 검열을 받았다고 한다. 함께 시위에 참가했거나 삐라를 돌렸거나 벽보를 붙인 사람들도 기입을 해야 했다.
고문을 하면서 이름을 대라고 해 결과적으로 무고한 사람이 피해를 보기도 했다. 증언에 따르면 경남 남해군의 한 마을 구장은 경찰서에 끌려다니며 무수히 두들겨 맞았다. 농민조합원 중 좌익분자들의 이름을 대라는 것이었다. 수많은 사람들이 고문에 못 이겨 함부로 이름을 대 무고한 사람들이 끌려가 또다시 새로운 명단을 대는 식으로 줄줄이 고리로 엮이게 되었다.

보도연맹원은 전쟁이 나기 전에 불시에 소집되었는데, 한밤중이나 농사철이 아주 바쁜 때에도 불평하지 않고 나가야 했다. 불평을 하거나 소집에 응하지 않으면 자신이 빨갱이라는 것을 확인시켜준 것이나 마찬가지이기 때문이다. 보도연맹원에게 경찰 지서의 보초를 서게 시키기도 했다.

찬조연맹이라는 것도 있었다. 보도연맹을 찬조한다는 의미였는데, 보도연맹에 가입하지 않은 사람들을 대상으로 했다. 이들도 야경을 돌았다.

다시 강조하지만 해방 후 역사적인 분위기를 정확하게 알아야 한다. 그런 속에서 독립 운동, 민족 해방 운동이 추구했던 자유와 평등에 대한 지향이 아주 강한 평등주의로 이어질 때 사회주의와 맞닿을 수 있는 측면이 있다. 또 친일파에 대한 강한 반발이 단정 세력에 대한 거부감으로 나타날 수 있다. 그러면 단정 세력에서는 '저게 바로 색깔 가진 놈들 아니냐', 이런 식으로 몰아세웠다. 학살 문제에는 이런 측면들이 복합적으로 섞여 있는 것이 아닌가 하는 생각이 든다.

아버지가 어떻게 죽었는지
자식조차 몰라야 했던 사회

— 용어 문제도 짚었으면 한다. 과거에는 양민 학살이라는 표현이

주로 쓰이다가 연구가 축적되면서 민간인 학살로 많이 바뀌었다. 누가 누구를 '양민'으로 규정할 것인가, 그리고 '양민'에 포함되지 않은 사람은 함부로 죽여도 된다는 말인가 하는 점 때문으로 보인다.

용어와 관련해서도 살펴볼 문제가 많다. 양민 학살이란 말이 사람들 귀에 익었다. 그런데 1987년 6월항쟁 이후 이 부분에 대한 연구가 이뤄지면서 민간인 학살로 해야 한다는 의견이 늘었다. 2000년대에 민간인 학살 문제가 본격적으로 조사 및 연구되는 시점에 와서는 거의 다 민간인 학살로 통용됐다.

이유는 간단하다. 설령 빨갱이라고 하더라도 불법적으로 죽인다는 게 말이 되느냐, 법적 절차를 거치지 않고 민간인을 그런 식으로 학살한다는 건 있을 수 없다는 거다. 양민이란 것은 과거 극우 반공 체제라는 특수한 환경 속에서 어쩔 수 없이 사용한 표현이니까 이젠 보편타당한 학문적 용어를 선택해야 한다고 하면서 민간인 학살로 대세가 굳어진 측면이 있다.

그러나 난 민간인 학살이란 말을 쓰면서 주민 집단 학살, 양민 학살을 병용하는 게 어떻겠는가 하는 생각을 많이 한다. 역사적 의미를 살리기 위해서다.

── 그렇게 생각하는 이유는 무엇인가.

양민 학살, 양민 학살 하지만 6월항쟁 이전에 양민 학살 사건이라고 하면 주로 거창 양민 학살 사건을 가리켰다. 당시엔 공개적으로 잘 알려진 다른 양민 학살 사건이란 것은 별로 없었다. 전혀

1951년 4월 대구 인근에서 군인이 정치범들에게 총구를 겨누고 있다. 학살 당시 어린이도, 여자도, 노인도 많이 죽었는데 그때 죽이면서 '빨갱이 새끼는 죽여도 좋다. 빨갱이 여편네는 죽여도 좋다. 빨갱이 애비는 죽여도 좋다', 이런 식의 주장을 폈다.

없는 것은 아니지만. 거창 양민 학살 사건을 빼놓고는 양민 학살 사건이라고 공개적으로 얘기한 것이 별로 없다.

제일 큰 학살이라고 얘기할 수 있는 보도연맹원 학살은 6월항쟁 이후에 최초로 언급됐다고 볼 수 있다. 월간《말》1988년 12월호에서 김태광 기자가 보도연맹 학살 문제를 다뤘다. 현지 취재를 통해 확보한 증언 등을 토대로 한 기사였다. 그때까지 30대, 40대, 그리고 20대 젊은이들 대다수가, 어쩌면 거의 전부라고 해도 좋은데, 그렇게 광범위한 보도연맹원 학살이 있었다는 걸 몰랐다. 박정희 유신 시기에 초등학교건 중·고등학교건 도처에 6·25 학살 만행 포스터가 붙어 있었다. 학생들은 학살 만행을 100퍼센트 공산당이 저질렀다고 확신했다. 그러니 양민 학살이란 말이 생길 수가 없었다. 단하나 예외로 거창 양민 학살 사건만이 현대사에서 살아남았다. 그리고 여기에는 '양민' 자가 붙어 있었다.

난 당시 이런 현상을 보고 정말 놀랐다. 그래서 강연 같은 데서도 많이 역설하고 그랬다. 보도연맹원 학살은 전국 각지에서, 거의 한 지역도 빠지지 않고 일어났다. 그래서 그 당시를 산 일정한 연령 이상의 사람들은 그런 일이 있었다는 걸 다 알고 있었다. 그런데 김일성 가짜설을 거의 모든 사람이 1950년대에서 1980년대까지 믿었던 것과는 대조적으로 50대 이하 연령층은 1988년 김태광 기자가 얘기하기 전까지는 보도연맹원 학살을 거의 알지 못했다. 그만큼 안 알려졌다. 이게 가능한 건가. 도대체 그렇게 많은 학살이 일어났는데, 사람에겐 양심이란 게 있는 건데, 학살처럼 무섭고 잘못된 게 없는 건데, 그런 큰 학살이 일어났는데도 그 시대를 산 사람들이 아무도 말을 하지 않았다. 이건 정말 두려운 일이다. 이런 사회가 어떻게 있을 수 있는가 하는 생각까지 들었다.

보도연맹원 가족조차 '네 아버지가 보도연맹원으로 죽었다'는 이야기를 그 자식에게 안 해준 경우가 많았다. 좌익으로 몰려 죽었다는 이야기를 안 해준 거다. 다만 전쟁 때 돌아가셨다, 병으로 돌아가셨다, 이런 식으로 이야기한 거다. 그러니 자식조차 자기 아버지가 보도연맹원으로 죽었다는 걸 모르는 경우가 많았다. 참으로 무서운 사회였다. 보도연맹이라는 게 뭔지 자식이 물어보면 설명해줘야 하는데, 그 어머니나 고모가 제대로 모르는 경우가 많았다.

— 그런 엄청난 일을 겪고도 30년 넘게 침묵해야 했다는 것 또한
 비극이다.

민간인 집단 학살

1950년 4월 서울 부근에서 처형장으로
끌려나온 좌익들. 미국 측은 이들이
공산주의자이며 정부 전복을 기도했다고
기록하고 있다. 이 처형에는 6명의 미국 군무관
및 장교가 참관했다. 처형을 준비하고, 사격을
가한 뒤, 시체를 확인하는 장면이다.

그렇다. 상황이 그랬으니 양민 학살이란 말이 한국전쟁 전후에 저질러졌던 학살을 가리키는 데 사용된 경우가 많지 않다. 제주 4·3 학살과 보도연맹원 학살이 양대 학살인데, 그것에 대해서 양민이란 말을 사용하면서 '이런 천인공노할 일이 어디 있느냐'라는 식으로 고발한 글이 거의 없었다. 현기영 작가의 《순이 삼촌》이 4·3 학살에 관해 '최초로' 국내에서 제대로 쓴 거였는데, 이 소설이 나온 게 1978년이다. 그 소설을 쓴 작가는 수난을 당했고 그 소설도 바로 금지됐다. 독재 정권이 못 팔게 했다. 이처럼 양민이란 말이 어떻게 사용됐는가를 우리가 알고 있어야 한다.

그런 점도 있지만 제일 무서운 현상은 뭐냐 하면 민간인 학살이라고 하면 일부 극우 반공 세력이 '그거 빨갱이를 민간인이라는 걸로 포장하려는 거 아니냐'라는 식으로 반응하는 것이다. 도대체가 상상하기도 어렵지만 그런 논리를 내세우더라.

학살 당시 어린이도, 여자도, 노인도 많이 죽였는데 그때 죽이면서 뭐라고 했는지 아나. '빨갱이 새끼는 죽여도 좋다. 빨갱이 여편네는 죽여도 좋다. 빨갱이 애비는 죽여도 좋다', 이런 식의 주장을 폈다. 그런 게 증언에 나온다. 빨갱이로 지목된 당사자가 피신하니 빨갱이와는 아무 상관도 없는 부인 등을 죽이면서 그런 얘기를 공공연하게 하는 경우가 많았다. 빨갱이 씨를 말려야 한다는 말을 아주 자연스럽게 했다.

그 숫자가 얼마나 되는지는 모르지만, 극우 반공 세력 가운데는 지금도 그런 생각을 하는 사람이 없는 게 아니지 않느냐 하는 생각이 든다. 그 사람들이 쓴 글을 읽어보면 그렇다. 그런데 양민이란 말을 쓰면 저들도 가슴이 뜨끔한 게 있는가 보다. '아무런 죄도 없는 사람을 당신들이 죽인 거다. 군경이 죽인 거다', 이것엔 가슴이 뜨끔한 게 있나 보더라. 그런 점도 있고 또 역사성도 생각해서 나는 민간인 학살, 제노사이드란 의미가 들어 있는 주민 집단 학살, 양민 학살 이 세 가지를 병용하며 번갈아 가면서 쓸 필요가 있다고 생각한다.

쏘아 죽이고, 태워 죽이고,
굶겨 죽이고…

민간인 집단 학살, 두 번째 마당

김 덕 련 학살이 워낙 많아 이를 유형화하기도 쉽지 않다. 여러 세력이 다양한 방식으로 학살을 자행했다.

서 중 석 해방 후 학살을 몇 가지로 뭉뚱그려서 유형화하기는 매우 힘들다. 지금까지 조사 및 연구된 것만 가지고 유형화하는 것도 좀 무리한 경우가 있다. 더 많은 조사와 연구가 이뤄질 필요가 있다.

우선 학살이 어떤 식으로 일어났는가 하는 걸로 따질 때 대부분의 규모가 큰 학살은 군과 경찰에 의해 일어났다. 그래서 군경에 의한 학살이라고 부른다. 우익 단체에 의한 학살도 꽤 있었다. 제주 4·3의 경우 서청이라 불린 서북청년회가 대표적인 극우 단체다. 대동청년단도 학살에 협력하긴 했지만 서청이 특히 악명 높았다. 1950년 9·28 수복을 전후해 우익 청년 단체들이 각지에서, 남한만이 아니라 북한 지역에서도 학살에 관여하는 걸 볼 수 있다.

그리고 미군에 의한 학살이 있는데, 특히 전쟁 초기에 많이 일어난다. 노근리 학살을 포함해 여러 지역에서 일어난다. 공습, 공중 폭격에 의한 학살인 경우가 많은데, 당했다는 지역 주민들과 그걸 자료로 입증할 수 있는 것하고는 차이가 나는 경우가 있다. 그래서 입증하기 쉽지 않다는 어려움이 있다.

── 군경과 우익, 미군에 의한 것뿐만 아니라 북한과 좌익에 의한 학살도 있었다.

북한과 인민군 점령 지역 좌익에 의한 학살도 있다. 무엇보다 인민군이 남한 각 지역에 들어오게 될 때, 그에 앞서 전쟁 발발 직후 보도연맹원 학살 등으로 부모를 비롯해 가까운 사람이 학살당했

1950년 9월 서울을 수복한 후 한 미군이 미국
영사관에 성조기를 내걸고 있다. 서울 수복을
전후해 우익 청년 단체들이 각지에서 민간인
학살을 자행했다. 미군도 학살에 가담했는데,
대표적인 것이 노근리 학살이다.

민간인 집단 학살

을 경우 그것에 대한 보복 학살을 한 경우가 있었다. 그런데 생각보다 자료상으로 많이 나오진 않더라. 오히려 북한 측에서 보복 학살을 상당히 제지했다는 기록이 나온다. 초기에 보복 학살은 제한적이지 않았나 하는 생각이 든다.

동족상잔의 형태로 학살 규모가 커지는 때는 9·28 수복 전후 시기다. 인천 상륙 작전과 원산 상륙으로 인천과 원산 이남의 좌익 활동가들은 갇힌 신세가 되다시피 했다. 좌익 단체에서 활동한 사람들은 살기 위해서 산으로 들어갔고, 그중 일부는 빨치산이 됐다. 그러면서 좌와 우에 의한 학살이 여기저기서 일어났다.

좌익에 의한 학살의 경우 인민군에 의한 학살인지, 정치보위국이나 그 산하 기구에 의한 학살인지, 지역 좌익에 의한 학살인지, 빨치산에 의한 학살인지를 구별하기 어려운 점이 있다. 지금까지 자료상으로는 대부분이 구별이 안 된다.

—— 마을 단위에서 학살이 벌어지기도 했다.

예컨대 한 마을에서 다른 마을을 습격해서 죽이고, 그것에 대한 보복으로 습격당한 마을 쪽 사람들이 자기들을 학살한 마을에 가서 학살하는 식이다. 그런가 하면 마을 내에서 두 패로 갈라져 학살한 경우도 있었다. 많이는 아니지만 그래도 좀 있었다.

이건 대개 역사와 관련이 된다. 그 지역 사람들 가운데 리더 위치에 있던 사람들이 일제 때 어떤 활동을 했느냐, 해방 직후 어떤 단체에서 활동했느냐 하는 것과 관련이 있다. 전쟁 이전이든 전쟁이 일어난 이후든 마을의 좌익 혹은 우익 지도자가 '급진적'이라고 할까, 그런 경우에 학살이 일어나더라. 마을과 마을이 좌익과 우익으

여순사건 당시 반군 협력자 색출을 위해 진압군이 주민들을 학교에 집결시키고 있는 모습.

로 나뉘어 싸운 경우도 있었다.

이처럼 이 시기에 학살이 워낙 많이 일어나는데 대개는 사건 이름에 따라 부른다. 그러면서 유형별로 구분할 수 있는 건 구분하는 식이다. 제주 4·3 학살, 여순사건 학살, 보도연맹원 학살, 형무소 재소자 학살, 미군에 의한 노근리 학살, 국군 11사단에 의한 민간인 학살, 미군 공중 폭격에 의한 학살, 빨치산이나 좌익에 의한 학살 같은 식으로 큰 사건들을 호칭하는 속에서 유형별로 다시 정리하는 방식이 필요해 보인다.

── 제주도 4·3 학살, 여순사건 당시 학살 외에도 전쟁 이전에 주민 집단 학살이 있었나.

1949년 7월 전북 남원군 산내면에서 여순사건 반란군을 소탕하던 군대가 주민 13명을 학살한 것을 포함해 구천면, 산동면 등지에서 그해에 수십 명이 학살됐다. 경북 문경군 신북면 석달마을에서는 군인들에 의해 1949년 12월에 마을 주민 127명 가운데 남녀 각각 43명씩 86명이 학살되고 집은 불태워져 그 당시에 이미 문제가 됐다. 경남 함양과 산청에서도 이해에 학살이 있었다. 1950년에도 경북 영덕과 경남 거제에서 김종원이 이끈 부대에 의해 수십 명이 학살됐다. 경북 월성에서는 1949년 음력 7월에 민보단장 이협우와 그 동생이 8명을 학살하고 재산을 빼앗았다. 이협우는 4월혁명이 일어날 때까지 3번이나 국회의원이 됐다.

── 형무소 학살도 많았다.

경인 지방 형무소 중 형무소 관계자들이 피신해 옥문이 인민군에 의해 저절로 열린 곳은 학살이 없었으나, 일부 형무소에서는 학살이 있었다. 평택 이남 형무소에서는 재소자 학살이 아주 많았다.

형무소 재소자 학살 중 가장 유명한 사건이 대전형무소 학살이다. 대전형무소에는 전쟁 발발 당시 태백산 지구 유격대원이나 제주 4·3항쟁, 여순사건 등으로 군사재판 등 재판을 받은 좌익수와 일반 죄수 3,000명 정도가 수감되어 있었다. 그간 대전형무소에서 얼마나 많은 사람들이 학살당했는가에 대해서는 여러 주장이 있었다. 그런데 21세기에 들어오면서 놀라운 사실이 국내 신문에 크게 보도되었다. 뉴욕에 거주하던 이도영이 미국 국립문서보관소를 뒤지다가 한 자료를 찾아낸 것이다.

그 자료에는 대전에서 정치범 1,800명이 1950년 7월 첫째 주에 3일간에 걸쳐 처형되었다고 쓰여 있다. 주한 미국 대사관 육군 무관 밥 에드워드 중령이 작성한 이 보고서에는 "총살 명령은 의심할 바 없이 최고위층(top level)에서 내렸다"라고 쓰여 있다. 이 보고서 내용은 대전형무소 형무관에 의해서도 확인되었다.

　이 형무관은 법무부 장관으로부터 사상범의 경우 계엄사령부의 명령에 따르라는 지시를 받고, 1,800여 명을 두 명씩 팔을 뒤로 묶은 뒤 포승줄로 연결하고 트럭에 태워 학살 장소인 낭월동으로 데려갔다고 증언했다. 그는 경찰과 헌병이 미리 파놓은 300여 미터에 이르는 2개의 구덩이 앞에 1,800여 명을 일렬로 세워놓고 번갈아가며 사격을 가하는 장면을 목격했다고 말했다. 또 신 중위와 정 경감이라는 자가 재소자들을 확인 사살한 후 파묻고, 다음 재소자들이 실려올 때까지 한쪽에서 구덩이를 파는 작업을 했다고 밝혔다. 어디서 많이 읽었던 이야기와 비슷하지 않은가.

　그는 수형자 한 사람이 호명에 따라 트럭에서 내리자마자 정 경감이 일본도로 내리쳐 죽이는 장면도 봤다고 증언했다. 김종원이 여순사건 즉결 처형 때 일본도로 사람들을 죽였다는 증언이 생각나는 대목이다.

　형무소 재소자 총살 현장에서는 도쿄 극동군 사령부 연락 장교가 주한 미국 대사관 육군 무관 밥 에드워드의 라이카 카메라로 처형 장면을 촬영했다. 맥아더 원수가 사령관이던 극동군 사령부의 장교와 주한 미국 대사관 육군 무관은 현장에서 처형 장면을 보면서 카메라로 찍거나 보고서를 썼던 것이다. 이 처형을 제지했다는 이야기는 어디에서도 찾아볼 수 없다. 이것은 묵인보다 훨씬 심각한 행위로 볼 수밖에 없지 않나 싶다.

나는 이러한 미군의 태도를 보면 베트남전쟁이 생각난다. 당시 신문에서 미군 한 명이 베트콩에 의해 학대를 받거나 죽으면 그것의 몇 백배, 몇 천배로 보복하겠다는 미군 발언을 보고, 또 실제로 그러한 보복 행위가 일어나는 것을 보고 이럴 수가 있느냐는 생각을 많이 했다. 미국인과 동양인이 이렇게 심하게 차별을 받을 수가 있느냐는 분노였다. 미국인이 자기들의 목숨은 그렇게 중하게 여기고 동양인의 목숨은 중하게 여기지 않는 것이 도무지 이해되지 않았다.

대전형무소 외에도 대구형무소에서도 전쟁 발발 직후에 군경이 들이닥쳐 1,402명을 학살한 것으로 보고되어 있다. 부산형무소에서도 많은 재소자가 죽었고, 마산형무소와 그 밖의 형무소에서도 수십 명에서 수백 명이 학살되었다.

── 나주경찰부대에 의한 학살이 소설화되기도 했다.

나주경찰부대란 이상한 이름도 있었다. 나주경찰서 소속 경찰부대가 1950년 7월 하순에서 8월 초순에 이동하면서 학살을 자행했는데, 이 부대를 나주부대라고 한다. 임철우의 소설 〈곡두운동회〉에도 나오지만 나주부대는 해남, 완도 등지에서 인민군으로 위장해 주민들이 멋모르고 '인민군 만세!'를 외치거나 동조하면 쏴 죽였다. 청산도, 노화도에서도 이 같은 방식으로 10여 명씩 학살했다. 소안도는 일제 때 사회주의자를 많이 배출한 것으로 유명한 섬이었는데, 경찰의 이러한 수법을 알고 있어서 적절히 대응해 희생자가 적었다고 한다.

학살이 난무하던 시대…
죽이는 방식도 끔찍했다

── 조사 보고서 등을 살펴보면, 떠올리기도 무서운 일이 많았다. 예컨대 11사단은 남원의 한 마을에서 주민들을 줄 세운 후 쏘아 죽이고, 여성들을 따로 끌어내 대검으로 목, 유방, 복부, 심지어 음부를 난자해 죽인 것으로 나온다. 이런 식으로 한나절도 안 돼 100명 가까운 민간인이 죽었다. 더 끔찍한 건 이런 일이 어느 한 지역에서만 일어난 게 아니라는 것이다. 다른 지역에선 주민들을 구덩이에 몰아넣고 기관총을 난사한 후 수류탄으로 확인 사살하고, 시신을 불태웠다. 참 무서운 일이 많이 일어났다.

유형별 학살 중 대살代殺이란 게 있다. 제2차 세계대전 당시 나치에 맞선 레지스탕스의 활약이나 일본군의 잔혹한 행위를 다룬 영화나 소설 속에 자주 나오는 거다. 레지스탕스 활동이 있었던 지역에서 그 활동을 하는 사람이 잡히지 않으면 그 사람과 연관이 있는 사람들을 세워놓고 쏴 죽여버리는 거다. 같은 지역에 사는 것을 제외하면 아무 연관도 없는 사람에게조차 그런 경우가 많았다. 그걸 통해 레지스탕스 활동을 약화시키려는 건데, 나치가 이런 일을 많이 했다. 일본군도 중국 땅에서 많이 저질렀다. 어느 학살이든 잔혹하지 않은 게 없지만, 우리 경우도 이 대살이 아주 많았던 것에 놀라지 않을 수 없다.

11사단이 거창 등지에서 벌인 주민 집단 학살을 보면 상당수가 대살 비슷한 성격을 보인다. 거창 지역에서 대규모 학살을 자행

국민보도연맹증.
국민보도연맹은 좌익 사상에
물든 사람들을 전향시켜
보호하고 인도한다는 취지로
1949년에 결성되었다.
1949년 말에는 가입자 수가
30만 명에 달했고, 주로
사상적 낙인이 찍힌 사람들을
대상으로 했지만 지역별
할당제가 있어 사상범이 아닌
경우에도 등록되는 경우가
많았다.

해 널리 알려진 11사단 9연대 병력이 거의 같은 시기에 산청, 함양 지방의 여러 마을에서 학살을 하는데, 정작 청년들은 사전에 귀띔을 받거나 '이거 위험하겠다' 하는 판단이 섰기 때문에 대개 피신했다. 산청이건 거창이건 다른 지방에서건 11사단이 저지른 주민 학살에서는 대개 그랬다. 그러니까 산청, 함양에서 500명 이상이 학살을 당했는데, 반수가 여자였고 노인네와 아이들이 많았다. 또 거창 양민 학살 때 잡혀온 이들 중 대다수가 노약자, 부녀자, 어린아이였다. 이 점 때문에 거창 학살 사건이 나중에 더 큰 문제가 되기도 하는데, 어쨌건 이건 일종의 대살이다. 젊은 사람들을 죽이려고 한 거였는데, 젊은 사람들이 없어졌으니 그 대신 노약자, 부녀자, 어린아이를 붙잡아다 죽인 거였다.

─── 대살은 한국전쟁 이전에 벌어진 학살에서도 나타났다.

제주 4·3 학살이나 여순사건 학살처럼 전쟁 전에 일어났던 규모가 큰 학살에서도 이런 대살이 많이 나타난다. 제주도의 경우 대살에 관한 수많은 증언이 있다. 부모가 자식한테 '너 여기 있으면 죽는다. 그러니까 일단 산에 피신해 있어라. 설마하니 우리야 죽이겠느냐', 이러면서 산에 보낸다. 그런데 토벌대가 동네 사람을 모아놓고 집단으로 죽이는 거다. 산에 갔다고 추정되면 제일 먼저 죽는 게 산에 간 그 사람의 부모나 처자였다.

한 남자의 사연에 눈물을 흘린 적이 있다. 뭐냐 하면 그 남자가 산속으로 피신해 있었는데, 그사이 군경이 동네를 습격해 그의 부인을 죽였다. 그러자 이 남자는 '아내가 나 때문에 죽었다'고 하면서 평생 홀아비 생활을 했다. 참 가슴 아픈 일이다. 이런 일이 정말 비일비재했다. 그만큼 대살이 많이 일어났다.

● 국군 제11사단은 1950년 11월부터 1951년 2월까지 전북 남원·임실·순창·고창·정읍, 전남 함평, 경남 산청·거창에서 민간인을 학살했다.

민간인 집단 학살

법적 근거?
학살 자체가 불법이다

─── 적법한 절차를 밟지 않고 민간인을 죽였다는 지적도 있다. 보
도연맹 사례처럼 정부 말을 믿고 가입했다가 학살된 경우도
있다.

보도연맹保導聯盟의 '보'는 보호한다, '도'는 이끌어간다는 것이
다. 보호해서 이끌어주겠다, 국가가 당신들을 보호해줄 테니 국가의
품 안으로 들어와라, 뜻 자체가 그렇다. 일제 때도 비슷한 게 있었
다.●● 그랬는데 그 사람들이 전쟁이 일어나자마자 제일 먼저 대규모
로 집단 학살을 당한다는 게 있을 수 있는 일이냐, 이런 지적을 받
는다.

여기서 중요한 건 학살 자체가 불법이라는 것이다. 합법적인 학
살이 어떻게 있을 수 있겠나. 제노사이드는 다 불법이다. 정당한 절
차 없이 그러니까 유죄, 무죄를 따지는 것도 없이 자의적 판단에 의
해 죽이는 거다. 그 때문에 벌어진 주민 집단 학살로 50명 이상 학
살당한 마을이 제주도에는 수십 군데나 된다.

보도연맹원은 방방곡곡에서 죽었다. 경찰서장이 정말 큰 결심
을 한 제주 성산포, 전남 구례 등 두세 지역을 제외하면 거의 모든
군에서 집단 학살을 자행했다. 그런데 대부분 죽인 명단을 알 수가
없다. 군경은 공무원이지 않나. 법적 절차가 없었다고 하더라도, 군

───────────────────────────

●● 보도연맹은 1938년 일제가 이른바 '전향자'들을 모아 조직한 시국대응전선사상보국연맹
을 본떠 만들어졌다.

여순사건 당시 진압군이 반란군과 협력자를 색출해 연행하고 있다. 학살에 관련된 군 지휘관들은 과거에 일본군에 있었던 경우가 많다. 해방 후 친일 청산을 제대로 못한 것이 학살을 키운 셈이다.

경이 죽였으면 최소한 언제, 어디서 죽였다는 게 있어야 하는 거다. 그런데 그런 기록이 남아 있는 게 불과 두서너 건밖에 안 된다. 보도연맹원 학살이건 제주 4·3 학살이건 다른 주민 집단 학살이건 다 그렇다. 죽인 사람들, 그러니까 군인과 경찰 간부 자체가 자신들이 불법적으로 자행했단 걸 인정했던 거다. 도무지 있을 수가 없는 방식으로 죽인 거다. 주민 집단 학살은 거의 다 그런 식이다.

제주도 학살이나 여순사건 학살 같은 경우에 군법회의를 통해 죽인 사례가 있었다. 그런데 이 군법회의도 과연 법적 절차를 제대로 밟았느냐. 국무총리를 위원장으로 한 '제주 4·3사건 진상 규명 및 희생자 명예 회복 위원회'에서 그렇지 않다고 결론을 냈다. 군법회의가 1948년 12월과 그다음 해에 걸쳐 있었는데, 판결문도 없고 법적 절차를 밟고 군법회의를 했다고 볼 근거를 찾지 못했던 것이다. 법을 벗어난 행위라고 볼 수밖에 없다는 것이다. 그래서 군법회의에서 재판받은 사람들도 지금 다 희생자로 인정하고 있다.

정리하면, 주민 집단 학살은 다 불법으로 이루어진 거다. 어느하나 법적인 근거를 가지고 일어난 게 없다.

친일 청산 제대로 못한 것이
학살 문제 키웠다

— 학살 사례를 보면, 일본군이 중국에서 보인 모습과 비슷한 경우가 많다. 그건 국군이나 경찰 지휘부 상당수가 일본군 출신이거나 친일 경찰이었던 것과 관련이 없을 수 없다는 생각이든다.

어째서 이런 대규모의 주민 집단 학살이 해방 직후에 일어났느냐. 이건 학살과 관련된 대부분의 사람들에게 일본군 경험이 있었다는 점과 뗄 수 없는 관계가 있는 것 같다.

2, 3년 전에 예비역 장성들 몇 사람과 함께 백두산 일대를 답사한 적이 있는데 한 예비역 장성이 이런 얘기를 하더라. "원용덕, 김창룡, 김종원, 이 세 사람은 한국 현대사에 있어서는 안 될 인물이었다." 정확하고 명쾌하게 지적했다는 생각이 든다. 이 셋은 모두 일제 때 군인이었고 이승만의 총애를 받으며 악명을 떨쳤다. 헌병 총사령관, 군 특무부대장, 경찰 총수인 치안국장을 지낸 사람들로 정말 많은 악행을 저지른 걸로 여기저기 기록돼 있다.

그런데 이 세 사람만 책임이 있는 거냐. 그렇지 않다. 4·3사건을 보더라도, 학살에 관련된 군 지휘관들이 과거에 일본군에 있었던 경우가 많다. 여순사건도 마찬가지고, 다른 학살 사례에서도 그런 경우를 발견할 수 있다. 일본군 중에서도 특히 만주군 출신들이 학살과 더 관련 있는 것이 아닌가 하는 생각이 든다.

만주에 있던 관동군 산하 일본군 부대와 만주군은 이른바 '토벌' 작전이라는 것을 펴면서 잔혹 행위를 수없이 자행했다. 그런 경험이 해방 후 한국에서 벌어진 주민 집단 학살과 관련 있어 보인다. 그런 예로 많이 드는 것이 11사단 작전 명령이다. '작전 지역 내에 있는 사람은 전원 총살하라', '가옥은 전부 소각하라', '식량은 안전 지역으로 운반하여 확보하라'는 내용이었다.

그런데 이것은 일제가 만주에서 펼친 삼광三光 작전과 너무나 흡사하다. 삼광 작전은 삼진三盡 작전이라고도 하는데 모두 쏘아 죽이고 다 태워 죽이고 다 굶겨 죽인다는 뜻이다. 그래서 여러 사람이 연구 논문에서 '이걸 봐라. 양자가 너무 비슷한 거 아니냐'란 지적을 하고 있는 거다. 도쿄 전범 재판이나 중국에서 있었던 전쟁 관련 재판에서는 삼광 작전을 비인간적 전쟁 범죄로 규정하고 단죄했다.

── 해방 후 친일 청산을 제대로 못한 것이 학살 문제를 더 키운 셈이다.

특히 경찰 같은 경우 일제 때부터 고문이 상습화된 것도 상당히 작용했을 것이다. 4·3도 그렇고 다른 경우에도 경찰이 학살에 많이 관여돼 있다. 인명 경시와 고문을 심하게 한다는 건 거의 동의어다. 그런 고문 상습범들이 해방 후 학살에 가담한 걸로 볼 수 있다.

아까 민간 우익 단체도 학살과 관련이 있다고 했는데, 해방 직후 좌우 싸움에서 테러가 관행이었다. 당시에는 테러가 굉장히 심했다. 경찰의 지원과 협조를 받으면서 칼을 쓰고 총을 쏘고 하는 테러였는데, 특히 서청 테러가 악명 높았다. 이런 테러 관행이 결국 공권력의 테러화 현상을 가져온 것 아니겠는가.

이처럼 일제 때 전쟁 경험, 고문 경험 같은 것들이 해방 후 좌우 싸움에서 잦았던 테러 경험과 결합하면서 도무지 있을 수 없는 인명 경시 사상을 갖게 된 것이 결국 참혹한 사태를 초래한 것이 아닌가, 그렇게 볼 수 있다.

고마운 미국?
"한국인들 죽이거나 학살 방조"

민간인 집단 학살, 세 번째 마당

김 덕 련 학살 책임과 관련해 미국을 지목하는 의견이 적잖다. 미국에 모든 책임을 물을 수는 없지만 미국을 빼놓고 이야기할 수는 없다는 의견이다.

서 중 석 학살을 지시하는 위치에 있었던 군경 책임자 문제에 대해 앞에서 부분적으로 얘기했는데, 그런 참혹한 대규모 학살이 일어난 데는 더 커다란 배경이 있었던 것 아니냐는 얘기를 많이 한다. 여러 사람이 그런 지적을 많이 하고 있고 거기서 미국이 결코 예외가 될 수 없다는 얘기도 빠지지 않고 한다.

── 미군에 의한 학살은 주로 한국전쟁 초기에 이뤄졌다. 노근리(충북 영동), 왜관교(경북 칠곡)에서 벌어진 학살 사실이 드러난 것은 물론 전북 익산, 충북 단양, 경북 예천·구미, 경남 의령·함안·마산·사천·창녕 등지에서 미군의 폭격 등으로 많은 사람이 목숨을 잃었다는 증언이 나왔다.

미군에 의한 학살 중 규모가 큰 건 피란민을 상대로 발생했다는 점을 주목할 필요가 있다. 주민들이 뿌리내리고 사는 한 마을에서가 아니라 피란 도중 폭격으로 학살이 일어난 경우에는 그 피해를 증언하기가 더 어렵다.

침묵을 강요당한 '노근리들'

── 미군에 의한 참극 중 대표적인 것이 노근리 학살이다.

노근리 사건이 벌어졌던 다리 밑 사진. 1960년 자료다. 미군 제25사단장 윌리엄 킨 소장은 명령서를 통해 '전투 지역에서 움직이는 모든 민간인은 적으로 간주하라'고 지시했다.

노근리 학살 사건은 이미 1990년대 초에 현지 주민들에 의해 상세히 조사된 내용이 몇몇 국내 언론에 보도됐다. 그런 점에서, 전혀 알려지지 않았던 사건은 아니었다. 그러나 이 사건이 관심을 끌게 된 것은 AP통신의 보도 때문이었다. AP통신 서울지국 최상훈 특파원이 1년 4개월간 취재한 것이 1999년 9월 30일부터 국내 신문에 대대적으로 보도되면서 그렇게 됐다.

AP통신 보도는 전 세계적으로 뉴스를 타기도 했지만, 특히 국내에 큰 충격을 주었다. AP통신은 노근리 학살 보도에 이어 10월에는 칠곡군 왜관교 등지에서 일어난 미군에 의한 학살을 보도했는데, 이 보도 또한 크게 국내 언론에 보도되어 여론을 환기시켰다. 곧이어 이도영이 골령골 학살(1950년 7월 대전형무소 재소자 학살) 자료를 찾아냈다.

AP통신 보도 이전에도 1990년대에 들어와 민간인 학살 문제가 계속 제기되었고, 그중에서도 제주 4·3 학살의 진상 규명 운동이 활발히 전개되어 공청회도 열리고 했다. 이러한 분위기에서 AP통신 보도는 대단히 큰 위력을 발휘했다. '제주 4·3사건 진상 규명 및 희생자 명예 회복에 관한 특별법'(4·3특별법)이 제정되는 데도 큰 영향을 끼쳤다. AP통신이 노근리 학살을 잇달아 보도하자, 그간 학살 진상을 은폐하는 데 일조해온 보수 언론조차 '진실을 만천하에 밝혀야 한다'는 식으로 쓸 정도였다. '이것도 일종의 사대주의 아닌가' 하는 생각이 들기도 했다. 그러면서 1999년 12월, 진상 규명과 희생자 명예 회복을 위한 4·3특별법이 국회를 통과한 거다.* 보수 언론조차 진실을 만천하에 밝혀야 한다고 논조를 폈기 때문에 반대하고 싶어도 특별법 제정을 반대하기 어려웠다.

─ 노근리 사람들은 어떻게 학살되었나.

전쟁이 발발한 지 꼭 한 달이 된 7월 25일 충북 영동 지역 주민들 500여 명이 미군 지시에 따라 피란길에 나섰다. 다음 날인 26일 황간읍 노근리에 다다르자 미군이 이들을 경부선 철로 위에 올려 보냈다. 그러고는 미국 공군 전투기 두 대가 나타나 이들 피란민

● 노근리의 진실이 세상에 알려지기까지 오랜 시간이 걸렸다. 숨죽이고 살아야 했던 유족들은 1960년 4월혁명 후 미군 측에 소청을 제기하지만 기각된다. 잊혀가던 이 사건은 1994년 다시 세상에 알려진다. 노근리 학살을 증언한 책이 출간되고 월간 《말》과 한겨레에서 유족의 목소리에 귀를 기울이면서다. 그러나 널리 알려지기까지는 5년을 더 기다려야 했다. 1999년 AP통신 보도로 세계적인 주목을 받자, 대다수 한국 언론도 이 사건을 크게 다뤘다. 한국 언론이 피해자 증언을 무시하다가 외국의 유력 언론이 다룬 후에야 따라간 것 아니냐는 비판도 많았다.

들을 향해 폭격과 기총소사를 했다. 많은 사람들이 죽었고, 살아남은 사람들은 철로 밑 터널(일명 쌍굴)로 피신했다. 그러자 미군은 7월 26일부터 29일까지 터널을 향해 기관총을 난사했다. 노근리 양민 학살 진상대책위원회 양해찬 부위원장은 사망자가 모두 합해 300명이 넘을 것으로 추정했다.

노근리 사건에 대한 AP통신 보도 중 눈길을 끈 게 있었다. 노근리 사건에서 총을 쏜 병사들 중 일부가 그 참혹한 행위로 정신 질환을 앓고 있다는 내용이었다. '그런 일을 내가 어떻게 저지를 수 있었나. 왜 그런 일이 일어났나' 하는 것을 고민했다는 것이다. 한 병사는 '비록 고통스러운 일이긴 하지만 그 사건에 대해 말하는 것은 양심의 문제'라고 지적하고, '과거의 행동에 대해 불원간 대가를 치러야 할 것'이라고 말하기도 했다. 그 기사를 보고 느끼는 바가 많았다.

—— 무엇 때문인가.

왜냐하면 보도연맹원 학살이나 4·3사건 학살에 관여한 한국의 군경 가운데에는 그렇게 '학살 때문에 양심에 크게 가책을 느껴 정신 질환을 심각하게 앓았다. 지금도 정신이 평안치 않다'고 얘기한 사람을 거의 찾지 못했기 때문이다. 아주 드물게 있긴 하다. 그런데 노근리 사건에 관련된 미군들 중엔 그런 사람이 여러 명 나오더라.

이 내용이 보도됐을 때 마침 충남대에서 학살을 중심으로 현대사에 대한 강연을 한 적이 있었다. 그때 '그래도 미군 병사만 하더라도 그 사람들 사이에 근대의 문화라고 할까 하는 것들이 영향

민간인 집단 학살

을 끼친 것 아니겠느냐. 학살에 가담한 일본 혹은 한국 사람 중에서 과연 자신들의 행위를 반성하고 정신 질환을 앓은 경우가 얼마나 될까. 참 걱정이다'라고 했다. 청중은 이 이야기를 별로 안 좋아했지만, 난 지금도 그렇게 생각한다. 어쨌든 일부 미군 병사는 그런 면에서 자신의 잘못을 알고 있는 것이고, 그러면서 정신 질환을 앓은 사람들이 있었던 것이다. 그런 것이 결국 AP통신을 타고 진실 보도로 나타날 수 있었다고 본다.

── 명령을 내린 장교 중에도 그런 사례가 있나.

그렇지 않다. 다른 대부분의 병사, 그리고 그 지휘관이라고 볼 수 있는 장교들도 그랬느냐 할 때, 그런 것은 아니다. 예컨대 노근리 사건과 직접 관련돼 있는 미군 제25사단장 윌리엄 킨 소장의 명령서에는 '전투 지역에서 움직이는 모든 민간인은 적으로 간주돼야 하며 발포해야 한다고 지시했다'고 돼 있다. 발포를 지시한 거다. 킨 소장은 27일 '전투 지역에서 눈에 띄는 민간인은 적으로 간주될 것이며, 그에 따른 조치를 취할 것이다'라고 다시 말했다. 이게 병사들로 하여금 있을 수 없는 행위를 하게 한 것이고, 그래서 그런 정신 질환을 앓게끔 한 것이라고 볼 수 있다.

그런데 미군 장교들 가운데 그런 행위로 말미암아 정신 질환을 앓았다든가, 군사재판에 회부됐다든가 하는 기록은 찾아보기가 어렵다. AP통신 보도가 나왔을 때도 마찬가지였다. 그 사람들은 여전히 변명하는 위치에 서 있더라.

미국 보병 25사단장 킨 소장이 내린 명령은 문명 국가에서는 있어서는 안 되는, 전쟁 범죄로 처리될 수도 있는 불법적 명령이었다. 문제는 노근리 집단 학살 책임이 25사단에만 있느냐다. 한국 전선을 책임지고 있던 미군 제8군 사령관 월턴 워커 중장, 유엔군 총사령관으로 도쿄 극동군 사령부에 있었던 맥아더 장군이 그러한 불법적인 명령을 허용했는지도 조사해봐야 할 것이다.

작전권, 고문관, 친일파 비호와 미국의 학살 책임

── 미군이 직접 죽인 사례 외에도 학살 책임과 관련해 짚을 대목이 더 있어 보인다.

제주 4·3사건, 여순사건이 일어났을 때만 하더라도 작전권이 미군한테 있었다. 우리 정부가 수립됐는데도, 미군이 작전권을 계속 가지고 있었다. 사실 주한 미군 손에 작전권이 없었던 건 1949년 6월 한국에서 철수해서 한국전쟁 발발 직후인 1950년 7월 맥아더 미국 극동군 사령관이 작전권을 다시 인수해 유엔군 사령관으로서 역할을 할 때까지, 그 사이뿐이다. 1년하고 한 달만 미군에 작전권이 없었던 거고, 4·3사건 학살 대부분이 일어난 시기인 1948년 11월에서 1949년 3월엔 미국이 작전권을 가지고 있었다.

그리고 사단은 물론이고 연대 등 일정 수준 이상의 한국군 부대마다 미군 고문관이 배치돼 있었다. 여순사건이 일어났을 때 맨 처음 여순으로 한국군 장교를 이끌고 온 사람이 제임스 하우스만 대위다. 한국군의 아버지라고도 불리는 사람이다. 하우스만 대화록을 보면, 자신들이 주도해 진압 작전을 펼쳤다는 것을 시사하는 내

1948년 5월 제주비행장에 도착한 미군 수뇌부. 제주 4·3사건이 일어났을 때만 하더라도 작전권이 미군한테 있었다. 미군은 직접 민간인 학살에 가담하기도 했고, 한국군의 학살을 방조하기도 했다.

용이 나온다.

── 미군은 한국 군경 등에 의한 학살에 어떤 태도를 취했나.

'미군이 그런 학살을 막으려고 했다', 이런 게 어느 기록에도 나오지를 않는다. 사실 4·3사건 때 한 지역에서 끔찍한 대규모 주민 집단 학살이 일어날 수 있었던 제일 큰 이유는 제주가 고립무원의 섬이라는 것이다. 외부에서 제주도 상황을 제대로 알 수가 없었다.

이와 달리 여순사건이 일어났을 때는 몇 가지 이유 때문에 세계 뉴스를 탔다. 제일 크게 세계 뉴스를 탄 건, 국군이 초기에 진입하다가 패배하면서 '한국 정부 위태롭다'는 식으로 보도된 것이었다. 여긴 고립된 지역이 아니었다. 외신 기자들이 접근할 수 있었다. 그래서 국내 언론 보도뿐만 아니라 세계 뉴스로도 나갔다.

그런데 제주도 쪽은 제대로 된 보도를 초기에 차단했다. 제주도에서 무슨 일이 일어나는지 외부에서 알 수 없게 한 거다. 학살에 관한 보도를 막은 거다. 1948년 10월, 11월에 그런 일이 계속 일어난다. 난 이것에 의도가 있다고 본다. 이런 사정 때문에 엄청난 사건이 일어났고 그래서 제주도 사람들이 숨죽이고 살아야 했는데도 바깥엔 거의 안 알려졌다. 육지 사람들은 4·3사건의 실상을 오랫동안 잘 몰랐다. 바로 그 4·3 때 해상을 딱 차단한 게 어느 나라 군대냐. 그런 걸 볼 때 미군의 책임이 작지 않다는 생각을 안 할 수가 없다.

거창 학살 사건이 일어났을 때도 마찬가지다. 11사단은 거창뿐만 아니라 함평, 산청, 남원 등 여러 지역에서 큰 규모로 학살을 자행했다. 당시 연대별로 미군 고문이 파견돼 있었다. 이 사람들이 학살을 몰랐겠나. 이건 방조한 것 아니냐, 한국군이 학살하는 것을 모른 체한 것 아닌가, 이렇게도 얘기할 수가 있는 거다.

—— 이 문제와 관련해 미국이 친일 경찰 등을 비호하고 우익 단체를 지원한 것도 생각해볼 대목이다. 친일 경찰, 우익 단체 등이 학살에 앞장서는 경우가 많았다는 점에서다. 한편 영국군이 한국 측의 '부역자' 총살형을 문제 삼은 사례도 있다.

9·28 수복 후에 '부역자' 총살을 많이 한다. 서울이 수복된 몇 개월 후인 12월 15일 서대문형무소와 마포형무소의 경비원들이 서울 북쪽의 큰 공동묘지에서 39명의 수감자를 처형했는데, 이것을 영국군 병사들이 목격했다. 처형당한 사람 중에는 어린 처녀들도 포함

미군이 찍은 1950년 대전형무소 재소자 학살 사건 당시 사진. 여러 자료를 볼 때 한국전쟁 전후 민간인 학살에 대해서도 주한 미군이 져야 할 책임이 크다.

되어 있었다. 영국군이 작성한 보고서에는 처형이 아무런 격식도 없이 그저 쏘아 죽이는 것 같이 이루어졌고, 합법성이 전혀 없어 보여 믿기지 않는다고 쓰여 있다.

이 보고서는 언커크(UNCURK, United Nations Commission for the Unification and Rehabilitation of Korea, 국제연합한국통일부흥위원회)로 보고되었고, 언론도 타면서 큰 반향을 불러일으켰다. 로이터통신 기자는 그 내용을 보도하면서 자신이 북한의 사리원에서 목격한 대량 학살도 더불어 보도했다. 로이터통신 보도에 대해서 미국 대사관과 미국 사절단이 공동 조사한 결과, 사리원에서는 미군 민간 지원단에 고용된 반공 단체가 유엔군이 철수할 때 대량 학살을 했음이 밝혀졌다.

영국군은 영국군 지역 내에서 다른 사람들을 총살하려는 총살 집행대가 있을 경우 그들을 쏘아 죽일 것이라고 경고했다. 대단한 경고였다. 한국군은 영국군 지역에서는 앞으로 처형하지 않겠다고 영국 대리대사에게 확약했다.

중요한 건 미국이다. 유엔군의 대부분은 미군이었다. 무초 주한 미국 대사는 1950년 12월 21일 영국군 관할 구역에서 발생한 처형 문제에 관련해 2개의 전문을 미국 국무부 장관에게 보냈다. 이 전문에는 12월 20일 육군 감찰관실에서 또 처형을 했고, 영국군이 그곳에 갔을 때 이미 17명이 죽었다는 것, 이 경우 땅 구덩이를 파고 죄수의 뒤통수를 쏴 죽인 것으로 추측된다는 것, 이 구역을 관할하고 있는 영국군 제29여단장이 즉시 그 지역 내에서 앞으로 처형할 수 없다는 명령을 내렸다는 등의 사실이 적혀 있다. 그렇지만 미군이 다른 데에서 유사한 일이 일어나지 않도록 한국 정부에 압력을 넣었거나 앞으로 넣겠다는 내용은 들어 있지 않았다. 앞에서 언급한 사리원에서 자행된 대량 학살에 관해서 역시 무초 대사는 보고만 한 것으로 나와 있다. 미국 정부나 미군이 학살을 막았다는 자료를 아직까지 보지 못했다. 참으로 납득이 안 되는 일이다. 왜 영국과 미국이 이렇게 차이가 나는지 이해가 되지 않는다.

고맙기만 한 미국?
외면해선 안 되는 학살의 진실

—— 처형 이야기를 하니, 대전형무소 재소자 학살 사건이 다시 떠오른다.

앞에서 이야기한 대로 1950년 7월 초순, 1800명에 이르는 대전형무소 재소자들을 골령골(당시 충남 대덕군 산내면)에서 집단 학살한 장면을 담은 사진과 기록이 미국 국립문서보관소에서 다 발견됐다. 미국 극동군 사령부 소속이던 에버트 소령이 주한 미국 대사관 육군 무관으로 있던 에드워드 중령의 라이카 카메라로 사진을 찍고 에드워드 중령이 기록을 남겼는데, 이 기록도 그것(군경 측의 학살)이 잘못된 것처럼 기술되어 있다. 그러나 답답하게도, 미군이 제지했다는 기록은 나오지 않는다. 훗날 베트남에서 미군에 의한 미라이 마을 학살 같은 게 일어나는데, 여러 자료를 볼 때 한국전쟁 전후 민간인 학살에 대해서 주한 미군이 져야 할 책임이 크다. 그 책임을 묻지 않을 수가 없다는 생각이 든다.

— 그 책임을 어느 선까지 물을 수 있나. 주한 미군까지인가, 아니면 맥아더 극동군 사령관 혹은 미국 정부의 최고위층까지인가.

그건 잘 알 수가 없다. 지금까지 나와 있는 자료의 한계이기도 한데, 그런 부분을 명확히 밝히고 분석할 수 있는 자료가 없다. 그래서 뭐라고 얘기하기가 힘들지만, 한국에서 무슨 일이 일어나고 있는지를 주한 미국 대사관이나 극동군 사령부, 유엔군 사령부에서 몰랐겠나. 알고도 가만히 있었다고 한다면 그 침묵이 뭘 의미하는 것이겠나. 방조 말고 다른 말로 설명하기 어렵지 않느냐라는 생각이 든다. 미국 국무부 또한 주한 미국 대사관의 보고를 통해서 잘 알고 있었다. 어찌 책임이 없겠는가. 최소한 인도주의에 어긋나는 것임에 틀림없다.

— 미국의 학살 책임 문제가 거론되면, '한국전쟁 때 북한을 막아
  내고 우리를 구해준 고마운 미국에 대한 적절한 태도가 아니
  다'라며 거부감을 드러내는 이들도 적지 않다.

인간의 양심과 양식에 어긋나는 주장이다. 그렇게 큰 학살을
미국이 방조했다는 건 미국 스스로 내세우는 민주주의, 자유, 평등
에 정면으로 배치되는 것이다. 베트남전쟁 때 미라이 마을 학살의
진실이 드러나자, 미국인은 물론 전 세계인이 분노하지 않았나. 그
런 미라이 마을 학살의 수백 배 규모의 학살이 한국에서 벌어졌고
미국이 그것에 직간접적으로 관여했다. 그것에 분노하고 그 역사를
기억해야 하는 거다. 이건 한국전쟁 때 미국이 북한을 막은 것과는
구분해서 봐야 하는 문제다.

학살, 그 피맺힌 증언

오뉴월 더위가 기승을 부리던 1950년 7월 중순께 남해군 설천면 월곡 문항 창선마을 앞과 비뚜섬 진섬 앞 등 5개 지역에 시체가 떠내려오기 시작했다. 이들 시체는 2~5명씩 로프 줄에 손목과 몸이 묶인 채 총에 맞아 몸은 한껏 물에 불어 부풀어 있었다. 매일 떠내려와 마을 앞이나 섬 가장자리로 일 주일이나 밀려들었다.

그들은 다름 아닌 남해군 내 보도연맹원들이었다. 바닷물에 떠밀려온 숫자는 29구. 그로부터 며칠 후 이동면 신전리 복곡 골짜기에(서 발견된) 33구의 시체가 얼굴 형태도 알아볼 수 없을 정도로 총탄에 짓이겨져 있었다. 또 남해군 내에서만도 이보다 훨씬 더 많은 숫자가 쥐도 새도 모르게 죽어갔다고 유족들과 당시 지역 주민들은 주장하고 있다.

부산매일이 펴낸 《울부짖는 원혼》(261~262쪽)의 일부다. 《울부짖는 원혼》은 부산매일(당시 신문 이름은 항도일보) 취재팀이 한국전쟁 전후 민간인 학살 현장을 찾아 생존자들의 증언을 중심으로 피맺힌 그날의 진실을 기록한 책이다. 이 책에도 잘 나와 있는 것처럼, 국민보도연맹원 학살은 경남 남해에서만 벌어진 일이 아니다. 방방곡곡에서 일어났다. 학살에서 자유로운 곳은 어디에도 없었다. 또한 그렇게 억울한 죽음을 맞은 이들은 국민보도연맹원만이 아니었다. 4·3사건 당시 제주도에서, 한국전쟁 발발 직후 대전형무소와 노근리에서, 한국전쟁이 한창이던 때 거창을 비롯한 전국 곳곳에서 수많은 민간인이 끔찍한 학살의 희생자가 됐다.

《울부짖는 원혼》이 나온 때는 1991년. 학살 피해를 겪고도 국가를 비롯한 가해 세력에게 그 책임을 묻기는커녕 도리어 죄인으로 몰려 30년 넘게 숨죽여 지내야 했던 생존자들이 힘겹게 입을 열기 시작하던 때다. 1987년 6월항쟁과 노동자 대투쟁을 거치며 한국 사회가 한 걸음씩 민주화의 길로 나아갔기에 가능한 일이었다. 그러면서 《울부짖는 원혼》은 물론 《4·3은 말한다》 시리즈를 비롯해 민간인 학살의 진실을 파헤친 귀한 책들이 세상에 여럿 나오게 된다.

그 귀한 책들에 담긴 증언을 몇 가지 소개한다. 꿈에 나올까 무서울 정도로 무시무시하지만 결코 외면해서는 안 되는 진실이다.

군인들이 양쪽으로 늘어서서 주민들을 개머리판으로 떠밀고 박산골로 갔습니다. 학교를 벗어날 때까지는 설마 이 많은 사람을 다 죽이랴 싶더군요. 도착하니까 그게 아니었어요. 산사태로 움푹 팬 곳에 사람들을 몰아넣었는데 모두들 체념한 듯 서로 부둥켜안고 땅바닥에 엎드렸습니다. 언덕 위에는 여기저기 기관총이 설치되어 총구가 우리를 내려다보고 있었어요. 그런데 지휘관인 듯한 젊은 군인이 나를 포함해 젊은 사람 대여섯 명을 손가락으로 불러내요. 나중에 알았지만 시체 뒤처리를 시킨 후 죽이려는 속셈이었습니다. 군인들이 서 있는 언덕 위로 뛰어 올라가자 기관총 소리가 천지를 진동시켰어요. 엉겁결에 머리를 처박고 아래쪽을 보니까 차마 눈뜨고는 못 볼 참상 속에 우리 동네 살던 조 씨라는 전도사의 모습이 보이더군요. 그는 세 아이를 안고 기도를 하고 있었어요. 그러다 쓰러져갑디다. 총소리가 멈춘 후 군인들은 우리를 불러 나무를 져다 나르라고 명령했어요. 겁에 질려 시키는 대로 했지요. 불길이 한참 시체 더미를 태우는데 갑자기 총구가 우리를 겨냥했어요. 본능적으로 엎드렸는데 한바탕 총격이 지나간 후 모두 죽고 문홍준 씨랑 저만 무사했어요. 우리 두 사람은 손이 발이 되도록 살려달라고 빌었습니다. 나는 군에 간 동생 면회 가야 한다고 거짓말을 해가면서 애원했지요. 그러자 군인들은 '지독하게 명이 질긴 놈들이구만' 하면서 '이곳에서 있었던 일을 입 밖에 내면 죽을 줄 알라'는 협박을 한 뒤 풀어줬습니다.

정희상, 《이대로는 눈을 감을 수 없소》, 돌베개, 206~207쪽.

1951년 2월 11일 경남 거창군 신원면 박산골에서 국군 제11사단이 자행한 학살의 생존자인 신현덕 씨가 증언한 내용이다. 그날 500명 넘게 희생된 박산골에서 신 씨는 기적처럼 목숨을 부지했다. 그렇지만 신 씨는 가족과 마을 사람들을 몰살한 바로 그 부대를 따라다니며 포탄을 져 나르는 등의 잡일까지 해야 했다. 그 후 그 부대에서 달아난 신 씨는 고향을 등졌다.

윤한영 씨도 신 씨보다 사흘 앞서 같은 비극을 겪었다. 윤 씨는 1951년 2월 8일 경남 산청군 금서면 가현마을에서 벌어진 학살의 생존자다.

군인들은 마을을 포위한 뒤 집집마다 돌며 사람들과 가축을 몰아내고 집에 불을 질러댔던 거예요. 그리고는 가축, 베 등 돈 될 만한 물건은 따로 모아둔 뒤 사람들은 모조리 마을 앞 산제당 골짜기로 몰아댔습니다. 골짜기가 내려다보이는 벼랑에 이르자 동네 사람들은 벼랑에서 떨어지지 않으려고 멈칫멈칫했습니다. 불과 몇 분 후면 모조리 총살당할지도 모르는데, 10

여 미터 벼랑 아래로 떨어지지 않으려고만 발버둥을 친 거죠. 그러자 군인들이 우르르 달려들었어요. 개머리판으로 내리치고 총구로 찔러 순식간에 마을 사람들을 골짜기로 밀어뜨렸습니다. 몇 명은 사람에 밀려 그대로 떨어져 죽었고, 앞쪽 사람들은 팔이 부러지고 발목이 부러지면서도 죽지 않으려고 버텨댄 겁니다. 군인들도 지쳤는지 그때서야 4열 횡대로 앉으라고 명령하더군요. 시키는 대로 하고 나자 기관총과 M1 소총을 장전한 군인들이 그대로 갈겨댔습니다. 천지를 진동하는 총소리가 울리자 어머니는 순간적으로 다리로 제 머리와 몸통을 감싸셨어요. 그대로 기절했는데 한참 후 깨보니 123명 부락민이 형체도 알 수 없을 만큼 처참하게 죽어 골짜기는 피바다를 이루고 있었어요.

정희상, 같은 책, 180쪽.

국민을 지켜야 할 국군이 국민을 죽이는 참극이 일어난 건 거창과 산청만이 아니었다. 1950년 11월부터 1951년 2월까지 전북 남원·임실·순창·고창·정읍, 전남 함평에서도 같은 일이 벌어졌다. 그러나 학살 책임자들은 제대로 처벌받지 않았다. 오히려 피해자들이 오랫동안 입도 뻥긋하지 못하고 살아야 하는 가혹한 세월을 견뎌야 했다. 이처럼 학살의 진실을 규명하지도, 그 책임을 엄히 묻지도 않은 결과 한국인들은 1980년 5월 광주에서 다시 국군이 국민을 학살하는 비극을 겪게 된다.

국민을 적으로 간주하는 무시무시한 국가에서 살아남기 위해 몸부림치다가 뜻하지 않게 자신의 손으로 자식의 목숨을 거두는 슬픈 일도 벌어진다. 제주도민의 10퍼센트 정도가 희생된 4·3사건 당시 상황을 들어보자.

한번은 토벌대가 점점 다가오는데 두 살 난 여조카가 계속 울어대는 게 아닙니까. 동서는 발각될까봐 급히 딸의 입을 틀어막았지요. 그런데 토벌대가 지나간 후 살펴보니 그만 조카가 질식해 죽어버렸어요.

제민일보 4·3 취재반, 《4·3은 말한다》 5, 전예원, 245쪽, 정갑선 씨 증언.

숱한 제주도민이 군인과 경찰, 서북청년단원 등에게 목숨을 잃었다. 참으로 참혹한 죽음이었다. 찔러 죽이고, 태워 죽이고, 때려죽이고, 목 졸라 죽이고, 굴 입구에 불을 피워 질식시켜 죽이고, 바다에 수장하는 등 온갖 방법으로 사람의 목숨을 뺏었다. 떠올리고 싶지도 않은 처참한 경험은 제주도 사람들에게 씻을 수 없는 상처를 남겼다. 다음은 4·3사건의 진실을 추적한 제민일보 김종민 기자의 이야기다.

반발심도 '적당히' 당해야 생기는 걸까. 너무도 참혹한 희생이 있었으나 반세기 동안 그 억울함은 외면당해왔다. 주민들은 철저하게 좌절해 허무주의에 빠졌고 큰 피해 의식에 시달리고 있었다. 부모가 총살을 당할 때 맨 앞줄에 서서 박수를 치고 만세 부를 것을 강요당한 주민들, 굴속에 숨었던 가족들이 아기 울음소리 때문에 들켜 몰살당하는 모습을 요행히 밖에 나왔다가 숨죽여 흐느끼며 바라봤던 사람들, 토벌대가 인근을 지날 때 들킬까 두려워 우는 아기의 입을 틀어막았다가 자식을 질식사시킨 어머니. 이들의 심정을 온전히 이해한다는 것은 불가능하다.

토벌대는 처형시킬 사람들을 자신들의 손으로 쉽게 총살시킬 수 있었음에도 굳이 민보단원들을 동원해 한 명씩 짝지어 마주 보게 한 후 죽창으로 찌를 것을 강요했다. 마침 자기가 찌를 대상이 친척이라 차마 찌르지 못하고 머뭇거리다가 죽도록 맞았다는 이야기도 회자된다. 토벌대는 살인을 즐기는 듯했다. 무장대의 습격 사건이 발생하면 지서에 감금해두었던 사람들을 습격당한 마을로 끌고 갔다. 그리고 무장대에게 가족을 잃어 흥분한 주민들에게 거짓으로 "이들이 어젯밤 이 마을을 습격한 놈들이다. 죽여야 하나? 살려야 하나?"라고 물었고, 곧바로 "죽여라!" 하는 외침과 함께 돌멩이가 날아갔다. 한 증언자는 "모두가 미쳐버린 시절이었다"며 치를 떨었다. 이들은 진상 규명은커녕 당시를 생각하기조차 싫어했고 기억 속에서 애써 지우려 했다.

역사문제연구소·역사학연구소·제주4·3연구소·한국역사연구회 편, 《제주 4·3연구》, 376쪽.

피해자를 빨갱이로 몰아붙이는 국가가 너무도 무서워 가족들의 시신조차 제대로 수습할 수 없었다. 거창군 신원면 학살 희생자들을 3년이나 그대로 둬야 했던 임채화 씨는 1954년 시신을 수습해 합동 묘에 안장하던 때를 이렇게 증언했다.

3년을 그 골짜기에 썩혀둔 것이지. 시체들이 전부 엉겨 붙어 꼭 통조림 모양이야. 그걸 전부 파헤쳐서 머리, 팔, 다리 나눠가며 뼈를 맞췄지. 누가 누군지도 모른 거라. 그때 마을에 제일 어른이 계셨어. 그분이 판관 노릇을 한 것이지. 뼈를 한 사람씩 맞춰놓으면 그분이 보고 굵은 건 남자, 작은 건 어린애, 어른 뼈이면서도 작은 건 여자, 이렇게 나눈 거라. 그 뼈를 갖다 합동으로 묘를 쓰는데 그게 맨정신으로 될 일인가. 전부들 술을 먹고 울며불며 묘를 맨든 거제.

정희상, 같은 책, 213쪽.

민간인 집단 학살

1960년 4월혁명으로 독재자 이승만이 쫓겨나면서 유족들이 숨 쉴 수 있는 공간이 마련되는가 싶더니, 이듬해 박정희 소장이 이끄는 5·16쿠데타가 터졌다. 피학살자 합동 묘지를 파헤치고, 4월혁명 후 만든 위령비를 부순 것에 더해 그 비문을 정으로 지워 땅속에 파묻고, 진상 규명을 요구하는 유족들을 반국가 사범으로 몰아 가두는 일이 곳곳에서 벌어졌다. 5·16쿠데타 세력이 자행한 제2의 학살이다.

유족들은 다시 침묵을 강요당했다. 그로부터 26년. 민주주의를 향한 함성이 온 나라에 메아리친 1987년을 거쳐 학살의 진실을 밝힐 시간이 찾아왔다. 2000년대 들어 탄생한 '진실·화해를 위한 과거사 정리 위원회'를 비롯한 과거사 진상 규명 기구는 한국전쟁 전후 민간인 학살의 진실을 밝히기 위해 많은 노력을 기울였고, 적잖은 성과도 거뒀다. 그러나 이명박 정부 들어 과거사 진상 규명 노력은 역풍을 맞았다. 박근혜 정부는 그런 이명박 정부의 기조를 고스란히 이어받았다. 박근혜 대통령의 부친이 박정희 전 대통령이라는 점에서도 국가 차원의 과거사 진상 규명 작업이 박근혜 정부에서 제대로 이뤄지기를 기대하기는 어렵다. 사회 분위기도 심상찮다. 민간인 학살 문제에서 자유로울 수 없는 것에 더해 학살 관련자들을 풀어주고 중용하기까지 한 이승만 전 대통령을 자유민주주의의 화신으로 떠받들고, 제2의 학살 당시 최고 권력자이던 박정희 전 대통령을 반인반신反人半神으로 치켜세우는 일각의 움직임은 우려를 더한다. 사람이 사람답게 살 수 있는 사회를 지향해야 하는 이 땅에서 한국전쟁 전후 민간인 학살 문제는 여전히 현재 진행형이다.

추종자 아니면 모두 적
무서운 '빨갱이 만들기'

민간인 집단 학살, 네 번째 마당

김 덕 련 미국뿐만 아니라 이승만 전 대통령도 이 시기 학살 책임 문제에서 자유롭지 못하다.

서 중 석 4·3 학살을 비롯해 한국전쟁을 전후한 시기의 주민 집단 학살을 여러 가지로 분석할 수 있지만, 난 이승만 대통령한테 큰 책임이 있다고 본다. 학살이 일어나는 데 이승만 정권이 직접적으로 관여했고, 군경에 의한 학살이 많지 않았나. 그렇게 큰 규모의 학살이 일어나게 된 데에는 이 대통령의 태도도 중요한 역할을 했다는 생각이 든다.

── 어떤 태도를 말하는 건가.

초대 주한 미국 대사 무초는 이 대통령에 대해 '어느 누구도 신뢰하지 않았고 자신을 신뢰했는지조차 의심스러운 철저하고 완고한 독재자'란 평을 했다. 이 대통령에겐 '추종자 아니면 적'이라는 사고가 있었다. 그의 감정적인 반공주의는 바로 이러한 '추종자 아니면 적'이라는 사고와 뗄 수 없는 관계가 있는 것이 아닌가 하는 생각이 든다.

이 대통령은 정적에게 대단히 가혹한 면을 보였다. 특히 대통령이 될 수도 있는 사람에 대해선 아주 예민하게 반응했다. 이승만 정권에서 김구에게 위해를 가하는 건 이미 여순사건에서 나타나기 시작한다고 볼 수 있다. 김구 암살과 관련해 이 대통령의 담화나 여러 자료, 증언을 보면 석연치 않은 것이 참 많다.

조봉암은 대선에서 두 번(1952년, 1956년)이나 차점자가 된 사람인데, 간첩으로 몰려 처형됐다. 조봉암 재판 관련 국무회의 기록을

재판을 받고 있는 조봉암(앞줄
왼쪽). 이승만 대통령은
정적에게 대단히 가혹했다.
그의 정적이었던 조봉암은 간첩
혐의로 처형됐다.

보면, 대통령으로서 어떻게 그렇게 발언할 수 있나 싶은 부분들이
있다. 그렇게 이뤄진 조봉암 처형은 불법이었다고 2000년대에 들어
와 대법원에서 전원 일치로 무죄 판결을 하지 않나.•

　장면은 1952년 부산 정치 파동 때 국무총리에서 해임되는데,
그때부터 이승만의 정적으로 부상한다. 장면은 1956년 8월 15일 부
통령에 취임하는데, 취임식도 제대로 못 치렀다. 이승만 정권은 장
부통령에게 취임사를 할 기회도 안 줬다. 그리고 부통령 관저는 항
상 감시 대상이었다고 쓰여 있다. 월남(남베트남)에서 응오딘지엠 대

> • 조봉암은 1959년 간첩이란 누명을 쓰고 처형됐다. 그로부터 52년 후인 2011년 대법원은
> 재심에서 무죄를 선고했다.

통령이 왔을 때도 그랬다. 미국을 제외하면 이승만 정권의 제일 우방이라고 볼 수 있던 것이 베트남하고 대만이었다. 이승만 대통령을 비판한 영국 등과 관계가 별로 안 좋았고 일본하고도 사이가 안 좋던 때다. 그런 상황에서 우방인 월남 대통령이 와서 한국 천주교를 대표하는 장면 부통령을 만나고 싶다고 했다. 응오딘지엠은 천주교 신자였다. 장면 부통령도 어떻게든 꼭 보고 싶어 했는데, 끝내 만날 수 없었다. 이승만이 장면에게 보인 태도를 보면 어떻게 이럴 수가 있는가, 참 무섭다는 생각이 든다.

비판 세력은 불순 세력?
'빨갱이 만들기', 정권 붕괴할 때까지 계속됐다

— 투철한 반공 세력조차 이념 공세를 당하는 일이 생긴 것도 '추종자 아니면 적'이라는 최고 권력자의 사고와 무관치 않아 보인다.

이승만 대통령에겐 비판 세력, 반대 세력을 빨갱이와 연관시키는 면이 상당히 있었다. 프랭클린 루스벨트 미국 대통령에 대해 색깔로 표현하기도 했다. '공산당의 보호자'라는 식이었다. 민주당이 자신 못지않게 극우 반공적이라는 걸 모를 리 없는데도, 자신에 대해 강하게 비판적으로 나오면 이 대통령이 '저거 색깔이 이상한 자들 아니냐', 이런 식으로 반문하는 대목을 볼 수 있다. 요즘 극우 세력이나 권력 쪽에 있는 사람들이 비판 세력을 종북으로 몰아붙이는 것과 비슷한 점이 있는 것 같다. 이러한 이승만 정권 시기엔 빨갱

1960년 3월 15일 실시된 정부통령 선거 포스터. 이 선거는 부정과 폭력으로 얼룩졌다. 사진 출처: e영상역사관

이로 몰릴까봐 다들 전전긍긍했다. 김창룡이니 원용덕 같은 무시무시한 사람들이 있지 않았나.

── '빨갱이 만들기'는 이승만 정권이 무너질 때까지 계속됐다.

1960년 3월 15일에 마산의거가 일어났을 때, 친일 경력이 있는 경찰 간부는 이걸 빨갱이가 사주한 사건으로 조작하려고 심지어 죽은 학생의 호주머니에 이상한 쪽지를 집어넣어 사건화하려다 실패하기도 했다. 그러면서 4월 11일부터 13일까지 제2차 마산의거가 일어난다. 이게 결정적으로 4·19를 유발했다고 볼 수 있다.

제2차 마산의거가 일어났을 때 이승만 대통령은 두 차례에 걸

처 특별 담화를 발표한다. 4월 13일에 "이 난동에는 뒤에 공산당이 있다는 혐의도 있어서 지금 조사 중", 이렇게 이야기한다. 굉장히 무시무시한 말이다. "지금 조사 중"도 그렇게 간단한 말이 아니다. 한국전쟁 때 부역자를 처벌하기 위해 특무대와 검찰, 경찰로 구성된 군·검·경 합동수사본부를 만들었는데, 제2차 마산의거가 일어났을 때도 바로 특무대장, 검찰 책임자, 치안국장이 참여한 비상 기구를 만들었다. 배후를 조사하라는 거였다.

배후가 뭐가 있겠나. 이건 빨갱이 만들어내라는 얘기하고 비슷한 거였다. 이 기구에서 뭘 하려고 했는지, 나중에 그 진실이 신문에 자세히 보도되지 않나. 이런 걸 고려할 때 "지금 조사 중", 이것도 마산 사람들에겐 정말 무서운 일이었다.

4월 15일에 나온 특별 담화는 표현이 더 강했다. 거기엔 공산당이란 단어가 9번인가 나온다. 85세나 되는 분이 아주 글자 하나하나에 신경을 쓰면서 상당히 긴 담화문을 냈다. '이 대통령은 3·15 부정 선거와 학생들의 시위 같은 걸 몰랐다'는 주장도 있지만, 그건 말이 안 된다. 아주 잘 알고 있었다. 그걸 단적으로 보여주는 게 이 두 개의 담화문이다.

제2차 마산의거에 대해 그렇게 강한 표현을 써가며 예민한 반응을 보인 건 그게 전국적으로 번질 것이라는 판단 때문 아니겠나. 이승만 대통령은 대단한 정치 감각을 가진 분이었다. 나는 정치 10단이라고 자주 말하지 않나. 심상치 않은 상황이라는 걸 어느 누구보다 잘 알고 있었다. 그래서 그런 엄청난 위협이랄까, 강한 조치를 한 것이다.

어린아이가 살인과 방화를?
무서운 담화

— 이 전 대통령의 그러한 태도는 한국전쟁 전후 민간인 학살과도 관련 있어 보인다.

이 대통령의 이런 엄벌주의는 한국전쟁을 전후한 시기에 여러 군데에서 보인다. 제주 4·3사건이나 여순사건에서도 이승만 대통령은 강한 엄벌주의를 보여준다. 이분은 테러로 악명 높은 서북청년회에 가서 독려하는 연설도 했고, 제주 4·3사건 군법회의와 관련해서도 사형을 선고한 사람을 하나하나 살펴봤다는 증언도 나온다. 특히 여순사건이 일어났을 때 이 대통령이 낸 담화문(1948년 11월 5일)을 보면 참 무섭다는 생각이 든다.

— 어떤 내용이었나.

그 담화문에 이런 대목이 있다. "어린아이들이 앞잡이가 되어 총과 다른 군기를 가지고 살인, 충화衝火하는 데 여학생들이 심악甚惡하"다고 하면서 "남녀 아동까지라도 일일이 조사해서 불순분자는 다 제거하고", 이렇게 담화를 발표한다.

여순사건이 왜 일어났나. 여러 이야기를 할 수 있지만 친일 경찰에 대한 증오, 그리고 분단이 된 것과 관련해 이승만 정권에 대한 강한 불만 같은 것이 한 요인이었다. 그렇게 해서 여순사건이 일어났을 때 어떻게 대처하는 것이 좋은가. 노인 대통령으로서 전 국민을 어루만져야 하는 상황이 아니었느냐, 난 그렇게 본다. 이 점은 국회의 동향에서도 드러난다. 여순사건이 일어났을 때 국회는 내각 사퇴를 요구했다. 그러나 이승만은 그렇게 하지 않았다. 오히려 이 노인네는 "남녀 아동까지라도 일일이 조사해서 불순분자는 다 제거"하라고 얘기했다.

어린아이가 앞잡이가 돼서 총 같은 걸로 살인과 방화를 했다? 난 이게 어디다 근거를 두고 있는지 잘 모르겠다. 학생들이 총을 들었는지는 지금도 논란이 되고 있지만, 어린아이가 총을 들었다는 자료는 본 적이 없다. 대통령의 지나친 엄벌주의다.

── 참 무시무시한 담화다.

이와 비슷한 표현이 놀랍게도 85세 생일을 넘긴 노대통령이 1960년 제2차 마산의거가 일어나자 발표한 두 번째 담화문에 또 나온다. "과거 전남 여수에서 공산당이 일어나서 사람들을 많이 죽였을 때 조그만 아이들이 일어나서 수류탄을 가지고 저의 부모들에게까지 던지는 이런 불상사는 공산당이 아니고는 있을 수 없는 것이라고 하였던 것이다." 그 뒤에 "그러니 난동을 일으켜서 결국 공산당에게 좋은 기회를 주는 결과밖에 되지 않는 것"이라는 구절이 나온다. 마산의거를 난동으로 규정하고 마산에서 시위하는 사람들을 위협한 거라고 볼 수 있는데, 세상에 여순사건에서 조그만 아이들이 부모들에게 수류탄을 던졌다? 난 아직까지 어디서도 그런 걸 못 읽었다.

왜 노대통령이 이런 담화문을 발표한 건지, 그 저의에 대해 곰곰이 생각해봤다. 이런 것들을 읽으면서 한국전쟁 시기에, 또 4·3과 여순사건 때 일어난 엄청난 주민 집단 학살을 생각하지 않을 수가 없더라.

거짓말 방송으로 양산한 부역자에게 오히려 철퇴…
사과는 없었다

—— 한국전쟁 때 '부역자'를 양산하고 그들을 가혹하게 다룬 것과
  관련해서도 이 전 대통령이 책임져야 한다는 지적이 많다.

부역자 처벌에 활용된 가장 중요한 근거가 뭐냐 하면 '비상사
태하의 범죄 처벌에 관한 특별 조치령'(비상 조치령)이란 거다. 1950년
6월 28일 이승만 대통령이 대전에서 국무회의를 전쟁 발발 후 처음
으로 주재하고 이것을 결정했다. 매우 불길한 일이자 여러 가지를
생각하게 하는 결정이었다고 본다. 놀라운 건 이 비상 조치령이 6월
25일 자로 돼 있다는 거다. 사흘을 소급한 거다. 이게 가능한 건가.
그렇게 소급하는 게 맞는 건가. 소급 외에도 이 시기 이승만 대통령
이 보인 모습엔 도무지 이해하기 어려운 게 많다.

—— 어떤 점에서 그러한가.

6월 25일 전쟁이 나자 이 대통령은 제대로 된 대책을 세우지도
못한 상태에서 그날 저녁 주한 미국 대사 무초에게 '난 피신하는
게 좋겠다'는 뜻부터 밝혔다. 27일 새벽에 열린 심야 비상국무회의
에도 참석하지 않았다. 심야 국회와 심야 비상국무회의가 열린 때와
비슷한 시각에 이 대통령은 미리 대기시킨 특별 열차를 타고 대전

민간인 집단 학살

으로 홀로 내려갔다. 국무위원에게도, 군 지휘관에게도 연락하지 않았다. 그렇게 대전으로 가서 육성을 녹음해 서울에 방송을 틀게 했다. 전쟁 발발 후 대통령의 첫 방송이었기 때문에 서울 사람들이 더 귀를 기울일 수밖에 없었다고 볼 수 있다.

방송 요지는 '국군이 적을 물리치고 있으니 모든 국민과 공무원은 정부 발표를 믿고 동요하지 말 것이며 대통령도 서울을 떠나지 않고 국민과 함께 서울을 지킬 것이다'라는 것이었다. 자기 혼자 대전으로 피신했으면서 그런 거짓말 방송을 내보낸 거다. 서울 사람들이 대통령 말을 믿고 안심하고 있었는데, 그다음 날 새벽 두 시 반에 한강 인도교가 폭파됐다. 그러면서 수많은 시민이 피신을 못하고 어쩔 수 없이 부역자 아닌 부역자가 된 것 아닌가.

이렇게 대통령의 거짓말 방송 때문에 '잔류파'라 불린 부역자가 대량으로 산출됐는데, 정작 이 대통령은 피신해 있던 대전에서 6월 28일 열린 첫 국무회의에서 부역자를 엄벌하라는 초강경 조치를 내린 것이다. 너무나도 가혹한 일 아닌가. 그래놓고 이 대통령은 7월 1일, 이번엔 호남선을 타고 남해안을 돌고 돌아 부산으로 또 내려갔다. 어떻게 이런 일이 있을 수 있는 건지 이해가 안 된다.

— 비상 조치령엔 구체적으로 어떤 내용이 담겨 있나.

놀라운 대목이 많이 있다. 이 비상 조치령은 형법과 형사소송법의 원리를 무시한 상태에서 만들어졌다. '증거 설명을 생략할 수 있다'는 대목도 있다. 증거를 명시하지 않고도 처벌할 수 있다는 말이다. 거기다 살인, 방화, 강간, 군사·교통·통신·수도·전기와 기타 중요 시설 및 그에 관한 주요 문서 또는 도시의 파괴 및 훼손 등의

1950년 10월 24일 국제연합의 날(유엔데이) 기념 행사장에 나란히 자리한 이승만 대통령 내외와 이시영 부통령(왼쪽에서 두 번째). 이승만 대통령이 전쟁 중에 결정한 비상 조치령으로 인해 많은 사람들이 중형에 처해졌다. 사진 출처: e영상역사관

행위를 할 시에는 일률적으로 사형에 처하게 되어 있는 등(제3조) 대부분 중형을 선고하게 돼 있었다. 이뿐만 아니라 사형 등 중형을 단심으로 처리하게 규정했고(제9조), 기소 후 20일 이내에 공판을 열어 40일 이내에 신속히 판결하라고 규정했다(제10조). 그러고는 그러한 판결을 내리는 데 증거 설명을 생략할 수 있다고 한 것이다(제11조).

한 재판관이 쓴 글을 보면 '징역 3년이나 5년을 선고할 만한 사건인데도 비상 조치령 때문에 사형, 무기 징역, 징역 15년 같은 중형을 선고해야 하는 경우도 있다'며 '참 힘든 재판'이라고 토로하는 내용이 나온다. 판결하기 더 힘들게 한 건 단심이라는 점이다. 재판관이 한 번 잘못하면 돌이킬 수가 없는 것 아닌가. 단심에다가 굉장히 빨리 재판하게 돼 있어서 무고한 사람의 목숨을 빼앗는 판결을 내릴 수 있었다. 또 당시는 그러한 상황이었다. 그런 판결이 많았을 거다.

중형을 선고하지 않으면 무죄를 선고해야 하는 건데, 그 당시 무죄를 선고하면 어떻게 됐겠나. 그렇게 살벌한 세상에서 부역 혐의자에게 무죄를 선고하는 건 정말 어려운 일이었다. 하고 싶어도 하기 어려운 일이었다. 이렇게 비상 조치령은 부역자 처벌에서 핵심적인 역할을 했다. 대단히 무서운 일이다.

— 국회는 이 전 대통령과 다른 태도를 취했다.

당시 국회는 민간인들이 그런 식으로 희생되는 문제에 큰 관심을 보였다. 국회는 비상 조치령이 남용되는 것을 막고자 1950년 9월 '부역 행위 특별 처리법'을 만들었다. 부역자를 함부로 처벌하지 못하게 하기 위한 것이었다. 이 법과 함께 사형私刑금지법도 통과시켰다. 9·28 수복을 전후해 여러 우익 청년 단체 등에서 법에 근거하지 않고 부역자라고 지목된 사람을 죽이기도 하고 테러도 자행하는데, 그래선 안 된다는 취지에서 만든 법이었다. 당연한 조치였다.

그런데 이승만 대통령은 두 법에 대해 모두 거부권을 행사했다. 국회는 1950년 11월 두 법을 다시 통과시켜 법률로 확정했다. 그런데도 정부는 이 법들을 시행할 의지를 보이지 않았다. 그러면서 비상 조치령 때문에 억울한 희생자가 많이 나오는 상황이 계속되자,

국회는 '비상 조치령 중 개정 법률안'을 다시 통과시켰다. 하지만 이 대통령은 이에 대해서도 거부권을 행사했다. 그래서 국회가 원안대로 다시 이 법을 통과시키는 일이 생긴다.

민간인 집단 학살

국민 목 친 학살자들이
오히려 출세하는 세상

민간인 집단 학살, 다섯 번째 마당

김 덕 련 학살이 벌어진 후 이승만 전 대통령이 취한 태도도 논란이다.

서 중 석 1951년 2월 거창사건이 일어났다. 국군 제11사단 9연대 3대대가 세 군데에서 민간인 700여 명을 죽이지 않았나.° 거창은 부산에서 비교적 가까운 곳이다.

몇 가지 이유로 이게 국회에 알려졌다. 국회에서 크게 문제 삼고 그랬다. 국민방위군 사건도 같은 시기에 일어나면서 국회가 아주 시끌시끌했다. 그렇지 않아도 국회는 이승만 대통령의 인명 경시를 굉장히 걱정하고 있었는데 이런 사건이 일어나니 이건 안 된다고 했다.°°

그때도 이 대통령은 '이게 외국인에게 나쁜 인상을 준다. 왜 이런 걸 가지고 문제를 삼느냐'는 태도를 보인다. 그 당시 내무부 장관(조병옥), 법무부 장관(김준연)도 '거창사건은 잘못된 겁니다', 이런 얘기를 했다. 이 사건은 이승만이 총애하던 신성모 국방부 장관이 책임져야 하는 문제이기도 했다. 그러자 이승만 대통령이 법무부 장관, 내무부 장관에 대해 대단히 못마땅하다는 말을 하는 것을 볼 수 있다.°°°

● 이때 719명이 희생된 것으로 집계된다. 희생자의 다수는 어린이, 여성, 노인이었다. 10세 이하 희생자가 전체의 40퍼센트가 넘는 313명인 데서도 이 점은 단적으로 드러난다.
●● 이승만 정부는 1950년 12월부터 이듬해 1월까지 만 17~40세 남성들을 국민방위군으로 모아 경상도로 보냈다. 혹한기인데도 제대로 입히지도, 먹이지도 않고 끌고 간 탓에 얼어 죽고 굶어 죽은 사람이 속출했다. 60여만 명이 동원된 것으로 알려졌는데, 이 중 내려가는 도중에 죽은 사람이 수만 명에 이르는 것으로 추산된다. 5만 명이 넘는다는 증언도 있다. 이 때문에 국민방위군은 '해골의 대열'로 불렸다. 이에 더해, 장정들의 식비 등으로 뒤늦게 편성된 예산마저 간부들이 빼돌려 유흥에 탕진하고 일부는 정치권에 상납한 사실이 드러나 논란이 더 커졌다.

─── 학살 책임 문제를 피하려는 태도로 보인다. 이 시기 학살 책임
　　문제에서 정권 고위층이 자유롭지 않다는 지적도 있다.

　　보도연맹원 학살 사건이나 형무소 재소자 학살 사건을 보면,
전국 각지에서 일정한 시간을 두고 계기적으로 일어난다. 둘 다 규
모가 큰 집단 학살 사건인데, 일사불란하게 일어나는 것을 보더라
도 '이건 고위층에서 한 지시다'라는 생각이 든다.

　　전쟁이 일어난 직후 대전형무소 재소자들이 골령골에서 학살
됐다. 1950년 7월 첫 주에 사흘에 걸쳐 일어났다고 미국 문서에 쓰
여 있다. 그때 주한 미국 대사관 육군 무관이던 에드워드 중령이 작
성한 글에 '총살 명령은 의심할 바 없이 최고위층에서 내렸다'고 돼
있다. 법무부 장관 지시가 내려왔고 '국방부, 내무부와 협력해서 하
라'고 돼 있는 문서를 봤다고 증언한 형무소 관련자도 있다. 3부 장
관이 협력하려면 그렇게 하도록 한 사람이 있을 것 아닌가.

　　'진실·화해를 위한 과거사 정리 위원회'가 정부 수립 이후, 그
리고 전쟁을 전후해 발생한 주민 집단 학살과 관련해 방대한 보고
서를 내지 않았나. 군 고급 지휘관을 포함해 아주 많은 관계자들이
'이러한 학살이 일어난 것은 이 대통령에게 책임이 있다'고 증언하
고 있고, 보도연맹원 학살과 관련해서 '군경이 전국 각지에서 일사
불란하게 움직인 것이 대통령의 승인이나 지시 없이 가능했겠느냐'
는 증언들이 수록돼 있다.

●●● 이 전 대통령은 이때 "거창사건으로 인하여 내무·법무·국방 3장관이 서로 협력하지
　　　않은 까닭에 대한민국의 체면이 국제적으로 손상됐다"고 말했다. 내무·법무부 장관을
　　　겨냥한 발언이었다. 뒤이어 공보처장을 통해 "거창사건의 희생자는 대부분이 통비자通
　　　匪者"라는 담화를 발표했다.

다섯 번째 마당　　　국민 목 친 학살자들이 오히려 출세하는 세상　　　**207**

1951년 2월 11일 방위사관학교 졸업식 모습. 방위사관학교는 국민방위군을 이끄는 장교들을 교육하기 위해 세운 곳이다. 사진 출처: e영상역사관

　　보도연맹원 학살의 전개 과정이나 여러 증언들을 종합해서 보면, 최소한 내무부 장관이나 국방부 장관, 법무부 장관의 선이거나 그 이상의 선에서 결정이 있었던 것 같고 이러한 결정은 대통령의 의중과 무관한 것이 아니라는 생각이 든다. 다른 집단 학살의 경우를 봐도 이 대통령의 극단적이고 가혹한 엄벌주의가 없었다면 과연 이러한 사태가 일어날 수 있겠느냐는 생각이 자료를 분석하고 연구하면서 많이 들더라.

　　그런 엄벌주의는 '추종자 아니면 적'이라는 사고와 결합된 극단

1950년 7월 대전형무소 정치범들을 처형하기 위해서 트럭에서 끌어내리고 있다. 인민군이 쳐들어오자 서울을 버리고 떠난 이승만 대통령은 7월 1일까지 대전에 머무르고 있었다.

적인 반공주의와 연결돼 있다. 우리가 어릴 때부터 '양 100마리 중에 한 마리를 잃어버리면 그 양이 잘못되지 않도록 찾아다닌다'는 말을 많이 듣지 않나. 마찬가지다. 잘못되는 사람이 없도록 그렇게 찾아서 구해야 하는 거다. 그런데 보도연맹원 학살 사건 같은 걸 보면, 불순분자가 한 명이라도 있을 가능성이 있으면 나머지까지 다 죽여도 좋다는 생각이 있었던 것 같다. 그것도 불법적으로 죽여도 좋다는 생각이었던 것 같다.

── 학살자들은 '북한군이 내려오면 보도연맹원들이 거기에 호응할 것이기에 죽였다'는 식으로 변명할 수도 있을 것 같다. 실제로 어땠나.

군경에 의해 학살된 대전형무소 재소자들. '총살 명령은 의심할 바 없이 최고위층에서 내렸다'고
돼 있는 걸로 봐서 이 학살은 정부 고위층에서 내린 것으로 보인다.

정희택 검사란 사람이 있다. 오제도, 선우종원과 함께 사상 검
사로서 보도연맹 창설과 운용에서 아주 중요한 위치에 있었던 사람
이다. 9·28 수복 후에는 군·검·경 합동수사본부 심사실장으로서
부역자를 심사했다. 이런 사람이 '6·25가 터지자 나는 서울의 보련
(보도연맹) 맹원들을 각 구별로 집합시켜 그들의 동태를 장악했어요.
이들을 시켜 서울로 쏟아져 들어오는 피란민 안내, 구호 사업, 포스
터 첨부 등의 일을 했어요. 일부 시민이 피란을 떠나고 행정도 마비
돼갔지만, 1만 6,800명의 보련은 일사불란하게 상부 명령에 따라 자
리를 지키고 있었어요'라고 회고했다. 전쟁 후 보도연맹원들이 보인
태도를 볼 때, 이들이 사달을 일으킬 거라는 건 지나친 우려가 아니
었느냐는 주장이었다. 그는 또 전쟁 발발 직후 1만 6,800명에 이르

는 서울의 보도연맹원들이 상부 명령에 따라 자리를 지키고 있었을 뿐만 아니라, 북한군 점령기에 보도연맹원이나 서대문형무소에 있던 '좌익범' 중 부역을 한 사람이 적었다고 증언했다. 전쟁이 터진 직후 이승만 정권의 책임자들은 피신하느라고 '좌익범'들을 서대문형무소에 그대로 놔두고 가지 않았나. 그런데도 그랬다는 거다.

가짜 게릴라 사건 일으킨 자가
경찰 총수로 발탁되는 세상

— 상황이 그러했는데도 엄벌주의로 일관한 건 이해하기 어려운 일이다.

그런데 학살 책임자들에 대한 조처 부분을 보면, 엄벌주의 못지않게 이것도 심각한 문제가 있는 것 아니냐는 생각이 든다. 단적으로 거창 학살 사건, 그것만 보자. 이승만 대통령은 진실을 은폐하려 한 신성모 국방부 장관을 크게 두둔하며 '국가 체면을 손상하는 짓을 해선 안 된다'고 얘기했다. 그럼에도 워낙 큰 사건이었기 때문에 관련자들이 재판에 회부됐다. 신성모의 후임인 이기붕 국방부 장관의 명에 의해 회부됐다.

이승만이 총애한 또 다른 인물인 김종원도 이 재판에 회부됐다. 거창사건을 조사하러 가던 국회의원들 앞에 공산 게릴라가 나타난 탓에 국회의원들이 학살 현장에 못 가고 되돌아오는 일이 벌어졌다. 그런데 매복해 있다가 총격을 가한 이 게릴라가 진짜 게릴라가 아니라 당시 계엄사령부 민사부장이던 김종원 쪽에서 조작한 가

거창사건을 다룬 서울신문 1951년
8월 23일 자 기사. "드디어! 김종원
대령 체포"라는 제목이 눈에 들어온다.
1951년 12월 김종원은 징역 3년형을
선고받았지만, 이승만은 김종원이 '애국
충정이 대단한 사람'이라며 풀어주라고
지시했다.

짜 게릴라라는 게 나중에 드러났다. 그래서 김종원은 제11사단 9연
대장 오익경 대령, 그리고 거창사건에 직접 책임이 있는 9연대 3대대
장 한동석 소령과 함께 재판을 받게 됐다.

1951년 12월 김종원에게 징역 3년형이 선고됐다. 그런데 이런
김종원에 대해서 이승만 대통령은 이기붕 국방부 장관한테 풀어주
라고 지시했다. 이기붕 장관은 결국 사표를 내는 걸로 대답했다.

군 문제니까 국방부 장관과 함께 육군 참모총장이 여기서 중요
한 역할을 할 수 있는데, 이때 육군 참모총장은 이종찬이었다. 이종
찬은 정치와 거리를 두고 군인의 직무에만 충실하려 한 사람으로
높은 평가를 받는다. 1960년 4월혁명 후 허정 과도 정권 때 국방부

장관도 한 사람이다.⦁

이종찬의 증언에 의하면, 당시 김종원을 석방하지 않으면 안 된다는 강한 지시가 내려온다. 이 대통령이 김종원 석방에 즈음해 발표하려 직접 쓴 성명문 초안을 대통령 비서가 보여줬는데, 거기에 '김종원은 애국 충정이 대단한 사람'이라며 이순신 장군에 비유하는 내용이 담겨 있었다는 증언이다. 이종찬은 '이건 예사로운 사태가 아니다'라고 생각해 김종원을 석방했다고 한다. 많은 글에 이승만 대통령 지시로 석방했다고 돼 있는데, 이종찬의 증언에 의하면 어쨌든 형식은 이종찬이 참모총장으로서 석방한 것이다.

— 한마디로 엄청난 잘못을 저질렀는데도 심복이라는 이유로 풀어주게 만든 것이다. 이런 분을 민주주의의 화신으로 여기는 사람들이 있다는 건 참 딱한 일이다.

김종원은 석방된 바로 그다음부터 네 개의 중요한 도경국장을 한다. 전북경찰국장, 경남경찰국장, 경북경찰국장, 전남경찰국장을 맡는다. 그리고 남원에 있던 '공비' 토벌 부대(서남지구전투경찰대)의 사령관도 하고 그런다. 그야말로 대단한 승진을 하고 중요한 책임을 맡은 거다.

이 사람은 도경국장 시절에 부정 선거로 또 문제가 됐다. 악명 높은 사람답게 여기저기서 문제를 일으켰다. 그런데 이 대통령

⦁ 이종찬 육군 참모총장은 1952년 5월, 재집권을 위해 헌법을 뜯어고치려던 이승만 대통령의 병력 출동 지시에 응하지 않았다. 이 대통령은 심복인 원용덕 헌병사령관을 동원해 계엄을 선포하며 부산 정치 파동을 일으킨 후, 이종찬을 육군 참모총장에서 해임했다.

경향신문 1956년 6월 5일 자 기사. "왕년의 호랑이 김종원"이라는 제목이 붙어 있다. 김종원은 군인 시절 '백두산 호랑이'라고 불렸다. 1956년 당시 그는 부정 선거의 공을 인정받아 내무부 치안국장에 임명되었다. 기사에는 "국민적 여론에 비추어 치안국장을 사임할 용의는 없는가?"라는 기자단의 질문을 회상하면서 "여보슈들…… 그때 당황도 했었지만 화가 목구멍까지 치민 걸 참느라고 무척 애썼소." "옛날 같으면 기자구 뭐구 주먹이 올라갔을 텐데 참았다"는 말을 하고 있다.

은 1956년 5월 정부통령 선거 직후 김종원을 경찰 총수인 치안국 장에 임명했다. 이 선거에서 이승만 후보가 정말 혼쭐이 나지 않았나. 투·개표 부정이 워낙 심해서 조봉암 후보가 216만 표밖에 못 얻은 걸로 돼 있지만, 실제로는 그것보다 월등히 많을 것이라는 주장이 일각에서 나오는 선거 아닌가.

그 선거 직후에 일본군 지원병 출신인 김종원을 치안국장으로 발탁한 거다. 또 일제 때 박천경찰서장을 한 이익흥을 내무부 장관에 앉힌다. 그러면서 그해 8월에 있은 지방 자치 선거가 엄청난 부정 선거로 치러진다. 일부 지방에서는 다수의 민주당원들이 후보 등록조차 하지 못했다.

그전에도 친일파가 등용되긴 했지만, 일제 때 경찰서장까지 한

민간인 집단 학살

사람을 내무부 장관에 앉히는 일은 없었다. 이익홍은 신성모와 함께 아첨의 대명사가 된다.

나중에 김종원이 치안국장에서 쫓겨나는 것도 아주 큰 사건이 일어났기 때문이다. 장면 부통령 저격 사건이다. 장면 부통령이 '취임식조차 제대로 하지 못했다'고 자기 기록에 남겼는데, 그러고 나서 한 달이 조금 지난 1956년 9월에 바로 저격 사건이 일어난다. 총알이 손을 스치고 지나가 손만 다쳤지만, 하마터면 죽을 뻔했던 큰 사건이었다. 김종원은 그 사건 재판 과정에서 결국 쫓겨나고 말았다. 그러고 나서 1960년 4·19 이후 이익홍 등과 함께 다시 체포되는데, 김종원과 이익홍에게 중형이 선고된다.°

국민 학살하고 영전한
이승만의 심복들

— 김종원은 민간인 학살도 자행한 인물이다. 여순사건 때는 일본도로 민간인의 목을 치다가 지치면 총으로 처형했고, 그 후 경북 영덕, 경남 거제, 경남 산청 등 곳곳에서 민간인을 학살한 것으로 알려져 있다.

참 악명 높은 사람이었다. 백두산 호랑이라고 하면서 많은 사람을 죽였다. 여순 지방에는 김종원 하면 치를 떠는 사람이 많더라.

° 김종원, 이익홍 등 장면 저격 사건의 배후로 지목된 6명은 5·16쿠데타 후 모두 석방됐다.

경향신문 1956년 5월 18일 자 〈두꺼비〉.
정부통령 선거 직후 그린 것으로, 이 선거가
부정으로 얼룩졌다는 걸 풍자하고 있다.

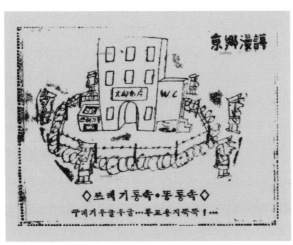

경향신문 1956년 5월 20일 자 〈경향만평〉. 대구시
개표소 근처의 쓰레기통과 변소에서 이승만과 이기붕의
투표지가 발견되었다는 사건을 풍자하고 있다.

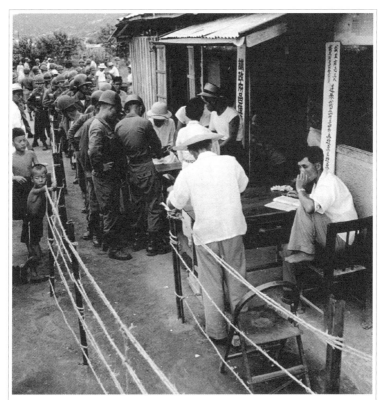

1956년 8월 지방 자치 선거에서 군인들이 투표를 하고 있다. 이 선거에서도 엄청난 부정이 일어
났다. 일부 지방에서는 다수의 민주당원들이 후보 등록조차 하지 못했다. 사진 출처: e영상역사관

내가 이야기하려는 건 김종원이 거창사건 때 가짜 게릴라를 매복시
켜 조사 나온 국회의원들을 협박한 짓은 일반 사람들에겐 도무지
납득이 가지 않는 행위이고 그러니 의당 재판을 받은 건데, 이승만
대통령이 그런 김종원을 풀어주고 요직에 앉혔다는 거다. 1956년 정
부통령 선거 직후 김종원을 치안국장에 앉힌 건 1960년 선거를 대
비한 것 아니겠나. 이런 인사를 어떻게 해석해야 하느냐.

1956년 5월 정부통령 선거 당시 자유당 대통령 후보 이승만과 부통령 후보 이기붕의 선거 홍보물이 내걸려 있다. 이 선거가 끝난 후 이승만은 친일파, 학살을 자행한 인사 등을 요직에 등용한다. 사진 출처: e영상역사관

──── 이 전 대통령은 다른 학살자들에게도 관대했다.

거창사건 후 9연대장 오익경은 재판에서 무기 징역을 받았는데 바로 풀려나서 군에 복귀한다. 징역 10년형을 받은 3대대장 한동석도 곧 풀려나서 복귀한다.

난 거창사건은 물론 11사단이 저지른 여러 주민 집단 학살과 관련해 최덕신 11사단장이 엄벌을 받아야 한다고 본다. 최고 지휘관 아닌가. 최덕신은 공비 토벌의 임무를 맡고 만들어진 11사단 사단장으로 건벽청야建壁淸野 작전을 폈다. 건벽청야는 중국에서 반란군을 토벌할 때 썼던 작전이었다. 9연대장 오익경은 건벽청야 작전에 '작전 지역 내에 있는 사람은 전원 총살하라', '공비의 근거지가 되는 가옥은 전부 소각하라', '식량은 안전 지역으로 운반하여 확보하라'

가 포함되어 있다고 주장했다. 만주에서 일제가 편 삼광三光 작전과 유사하다는 걸 알 수 있다. 최덕신의 11사단은 거창, 산청 외에도 전북 남원, 고창, 임실, 순창, 전남 함평 등지에서도 대규모 학살을 자행했다.

그런데 이 사람은 처벌을 받기는커녕 오히려 영전한다. 예컨대 정전회담에 국군 대표로 나간다든가, 이 대통령이 대만을 방문할 때 수행한다든가 하는 활동을 하는 것을 볼 수가 있다. 이 사람은 5·16쿠데타가 나서도 출세를 거듭해 군사정권 초기에 외무부 장관을 한다. 독재자들은 생각하는 것이 비슷한가보더라. 최덕신은 1970년대 북한으로 넘어가 '활약'한다.

이들 문제뿐만 아니라 원용덕이라든가 특무대장 김창룡 같은 사람이 그렇게 출세하는 걸 보더라도, 이 대통령의 인사엔 이해하기 어려운 점이 있다. 특히 학살 사건과 관련해서는 정말 이해하기 어렵다는 생각이 든다.

신성모 국방부 장관에 대해서도 마찬가지였다. 처음에 이 대통령은 신성모에게 책임을 물어야 한다는 주장에 강하게 반발했다. 그러다 국회뿐만 아니라 내무부 장관도, 법무부 장관도 워낙 문제를 삼으니까, 할 수 없이 신성모를 국방부 장관에서 해임하긴 한다. 그런데 이때 내무부 장관과 법무부 장관도 동시에 해임한다. 그러면서 신성모를 요직인 주일 대표에 임명했다. 이러니 '국민방위군 사건, 거창 학살 사건에 책임을 지고 해임된 건데 어떻게 이럴 수 있느냐'는 얘기가 사람들에게서 나온 것 아니겠나.

민간인 학살 위에 세워진
공포의 극우 반공 체제

민간인 집단 학살, 여섯 번째 마당

김 덕 련 민간인을 학살한 건 군경과 우익만이 아니다.

서 중 석 한국전쟁 시기, 좌익에 의한 학살도 많았다. 이것에 대해서도 깊이 있는 조사와 연구가 진행돼야 한다. 학살과 같은 비인도적 행위에 대해선 어느 누가 저질렀건 그 책임을 엄격하게 물어야 한다. 좌익이건 우익이건 그렇게 해야 한다.

어릴 때도 좌익에 의한 학살 이야기를 듣긴 했지만, 특히 많이 들은 건 1970년대 유신 체제 시기였다. 그래서 학살 문제에 관심을 가지면서 좌익이 얼마나 학살을 많이 했는지를 알아보기 위해 자료들을 찾아봤다. 극우 반공 세력이 '상기하자 6·25' 할 때 제일 큰 게 좌익의 학살 만행 아니겠나. 그러니 좌익이 저지른 학살 만행에 대해 휴전협정 체결 이후 극우 반공 세력이 상당히 조사해놨을 거다, 자료로 쓸 것이 아주 많을 거다, 이런 생각을 했는데 그렇지가 않더라.

—— 실제로 어떠한가.

자료가 나오더라도 아주 간단하게만 돼 있다. 어떻게 해서 이런 데이터를 냈는지를 알 수 없게 해놓았다. 그 당시 국사책엔 많이 안 나오더라. 그래서 1960~1970년대에 반공 교육이 강화됐다고 많이들 이야기하니 '당시 반공 관련 책에는 좌익의 학살 만행을 많이 써놨을 거다'라고 생각했다. 그걸 뒤지기 시작했다. 그런데 그렇지 않더라.

예컨대 《반공도의 교본》이라는 책이 있다. '북괴'의 만행을 강하게 지적한 책이다. 구체적인 것이 있는가 하고 봤지만, 정작 그런

건 별로 없었다. 써놓은 것도 뭐라고 했는고 하니, "6·25사변이 일어난 이후 처음으로 양민이 학살된 것은 강화도 지구에서 군인·경찰 가족 약 500명이 희생된 것이다", 그렇게 돼 있다. 그 뒤엔 이렇게 돼 있다. "광주와 전주 지구에 있는 각계 저명인사와 경찰 가족 약 2,000명이 학살되었다. 대전형무소에서는 무죄한 시민과 군경 유가족 약 1,000명이 학살…… 인천에서도 1,500여 명의 우리 형제들이…… 죽어갔다." 이렇게만 돼 있다.

이걸 그대로 인용할 수 있겠나. 어떤 식으로 학살됐는지를 밝혀봐야 그걸 가지고 분석할 수 있는데, 이건 분석하기가 어렵게 돼 있다. 그리고 숫자도 500, 2,000, 1,000, 1,500 이렇게 돼 있다. 추정치라고 해도 너무하지 않느냐 하는 생각이 든다. 한마디로 인용하기가 힘들다. 구체성이 약하다. 놀랐다.

또 대검찰청 수사국에서 낸, 10권이 넘는 《좌익 사건 실록》에 좌익이 저지른 수많은 사건에 관한 내용이 담겨 있다. 여기서는 한국전쟁기 학살을 많이 다뤘을 거라 봤는데 그렇지 않았다. 몇 건 있긴 있는데 생각보다 그렇게 많지 않더라. '반공 세력이 이 부분(좌익에 의한 학살)만은 잘해놨을 거다. 우익이 좌익을 죽인 것 또는 군경이 집단 학살을 한 건 안 써놨을지 몰라도 이건 써놓지 않았겠나' 했는데 잘 안 나온다. 이건 있을 수가 없는 일이다.

좌익에 의한 학살을 이승만 때보다
유신 시대에 더 강조한 이유

── 반공 세력이 좌익이 저지른 학살 문제를 충분히 조사해놓지

이승만 대통령의 6·25 기념사를 실은 경향신문 1955년 6월 26일 자 기사. 반공 이야기가 무척 많이 나오긴 하지만 학살 만행에 대해서는 거의 언급하지 않았다.

않았다는 건 예상 밖의 일이다.

그런데 더 놀라운 걸 발견했다. 6·25만 되면 이승만 대통령이 6·25 담화를 꼭 하지 않았겠나. '여기엔 학살 얘기가 많이 나올 거다.' 그래서 찾아봤는데, 담화가 길고 반공 얘기가 무척 많이 나오는 건 틀림없다. 그런데 학살 만행에 대해선 거의 언급이 없다. 이걸 어떻게 해석해야 할까 곰곰이 생각해봤다. 왜 이렇게 돼 있을까.

우리가 반공 교육 받을 때 6·25 하면 '괴집' 또는 '북괴'에 의한 학살 만행이었다. '괴집'은 1950년대에 많이 쓴 단어다. 북한 괴뢰 집단의 준말이다. '북괴'란 말은 1960년대부터 1980년대까지 많이 썼던 단어다. 그 단어가 나오면 바로 집단 학살, 이렇게 자동적으로 반응하는 교육을 많이들 받지 않았나. 그러니 틀림없이 이승만 담화에 그게 얼마나 많이 강조됐겠나 했는데, 그렇지 않더라.

놀랍게도 이게 많이 언급되는 것은 유신 시대다. 사실 1968년에 1·21 청와대 습격 사건이 일어났고, 그 이틀 후엔 푸에블로호 사건도 벌어졌고, 가을엔 울진·삼척 게릴라 침투 사건도 일어나지 않았나. 그러니까 강조되려면 그렇게 전쟁 위기가 고조된 1968년 그때 강조됐어야 하는데, 그때보다도 오히려 유신 시대에 훨씬 많이 강조되더라. 그것도 유신 후기인 1975년 이후에 특히 많이 나온다.

"나는 공산당이 싫어요"라고 했다는 어린애 동상이 도처에 세워지는 것도 유신 시대다. 가만히 보니 1975년 이후에 많이 세워지는 것 같다. 1975년은 인도차이나 사태(베트남·캄보디아·라오스 공산화)로 보수층에 상당히 위기감이 감돌면서 반공 구국 대회가 많이 열린 때다. 그러면서 박정희 대통령이 유신 체제를 강화할 수 있는 절호의 기회를 잡은 거였다. 그 시기에 '북괴' 만행이 유난히 강조되면서 초·중·고 교재 같은 데에서 이 부분을 특별히 많이 교육시키도록 했다. 그 부분에 대해서도 내가 여러 자료를 읽어봤는데, 구체성은 없다. 다만 '무지무지 나쁘다. 아주 극악무도한 만행을 저질렀다', 이런 것이 누차에 걸쳐 강조돼 있다.

어느 쪽에서 학살을 저질렀든
철저히 책임을 물어야 한다

— 좌익에 의한 학살 규모는 어느 정도인가.

민간인 집단 학살

한국전쟁 때 각 지방의 좌익, 북한의 정치보위국 등과 관련된 학살이 여러 군데에서 일어나는 것은 사실이다. 특히 1950년 9·28 수복을 전후해 대전형무소나 전주형무소, 광주형무소 같은 데서도 학살이 일어났고, 전라도 지방에서 학살이 많이 일어났다. 예컨대 전북 임실이나 순창 등지에서 수백 명이 좌익에 의해 학살된 것으로, 6월항쟁 이후 전라북도 도의회에서 조사해 만든 보고서에 나와 있다.

《좌익 사건 실록》에 제일 큰 사건으로 나오는 것은 전북 옥구군(지금의 군산시 옥구읍) 미면에서 발생한 학살이다. 현지 좌익이 이틀에 걸쳐 600명에 가까운 주민을 학살하는 끔찍한 만행을 저질렀다고 적혀 있다. 현지 좌익이라는 말 그대로 그 지역에 살던 좌익이 저지른 것이다.

고창군에 있는 여러 면에서는 빨치산이 400여 명을 학살했다. 이런 지역은 9·28 수복을 전후해 정말 '낮에는 경찰, 밤에는 인민군' 식이거나 상당히 오랫동안 상황이 어떻게 될지 알 수 없는 면이 있었다. 그런 속에서 여러 형태의 학살이 일어나더라.

좌익에 의한 학살이 제일 크게 일어난 곳은 전남 영광이 아닌가 싶다. 한 지역만 놓고 얘기하라고 하라면 그렇다. 변진갑 의원이 국회에서 1951년 2월에 얘기한 것을 보면, 5만 6,000여 명이 학살당했다고 돼 있다. 그런데 두 달 후인 1951년 4월 국회 속기록의 변진갑 의원 발언을 보면 3만 8,000여 명으로 줄었다. 변 의원이 말한 희생자 수를 그대로 믿기는 어렵지만 그래도 엄청난 학살이다. 그래서 난 항상 이 부분이 궁금하고 관심이 많이 갔다. 어떤 식으로 이루어졌을까, 정말 이 숫자가 맞을까, 궁금했다.

'진실·화해를 위한 과거사 정리 위원회'는 좌익에 의한 학살만 담당하는 부서를 따로 두고 조사했다. 당연히 영광에 대해서도 많은 조사가 이루어졌다. 그쪽 조사 관계자 말로는, 1만 명 이상은 아니라고 한다. 그러나 좌익이 이 지역에서 끔찍한 학살을 저질렀다는 것, 그건 사실이다.

── 좌익과 우익 모두 학살 만행에서 자유롭지 못하다. 수많은 민간인에게 정말 어려운 시절이었겠구나 하는 생각이 다시 든다.

아까도 강조했지만 어떤 학살이건 진상을 조사하고 연구해야 함과 동시에 잘잘못을 분명히 가리고 잘못에 대해선 책임을 물어야 한다. 그러면서도 비율 얘기를 안 할 수는 없다. 비율을 생각해 봐야 한다.

이것과 관련해 생각해볼 수 있는 자료는 '제주 4·3사건 진상 규명 및 희생자 명예 회복 위원회'에서 낸 진상 조사 보고서다. 고건 총리가 위원장을 맡은 이 위원회에서 2003년에 통과시킨 공식 문서다. 거기에서 1만 3,564명이 희생자로 규정됐다. 실제 죽은 사람은 이보다 훨씬 많다. 희생됐을 것으로 추정되는 사람은 더 많은데, 신고가 이뤄진 사람 중에서 소수를 제외하고 위원회에서 군경까지 포함해 희생자로 결정했다. 이 가운데 토벌대에 의해 1만 1,450명이 죽었다. 84.4퍼센트다. 무장대, 그러니까 '산사람'에 의해서는 12.3퍼센트에 해당하는 1,673명이 죽었다. 나머지는 불명 등이다. 바로 이 84.4퍼센트와 12.3퍼센트, 이게 시사하는 바가 있지 않겠느냐. 물론 〈제주 4·3사건 진상 조사 보고서〉에는 2만 5,000명에서 3만 명이 희생된 것으로 추정했다. 신고된 희생자의 두 배쯤 된다. 전체 희생자를 놓고 보면 토벌대에 의해 희생된 사람들의 비율이 84.4퍼센트

민간인 집단 학살

보다 더 높을 것이다. 왜냐하면 무장대에 의해 희생된 사람은 수십 년 동안 대개가 많이 밝혀졌기 때문이다.

또 하나의 예로 내가 많이 드는 건 경기도 고양군(지금의 고양시) 금정굴에서 이뤄진 학살이다. 1950년 9월 '곧 유엔군하고 국군이 들어온다'고 하니까 태극단동지회라는 우익 청년 단체에서 내무서를 공격하려다 발각돼 38명이 학살당했다. 유엔군과 국군이 들어온 후 그것에 대한 보복이 일어났다. 그 보복으로 학살된 사람들의 뼈와 유해가 1995년 금정굴에서 대량 발견됐다. 그 인원이 400~500명이라는 설이 있고 1,000명 정도 된다는 설이 있다. 38명과 금정굴에 있던 유해 숫자, 이것이 또 여러 가지로 시사하는 바가 있지 않느냐.

거듭 강조하지만, 어떤 경우의 학살이건 조사와 연구가 더 이뤄져야 한다. 진실을 규명하고 책임을 분명히 물어야 하며, 다시는 이런 사건이 일어나지 않도록 우리 역사의 오점에 대한 진실한 참회가 있어야 한다.

반공 투쟁 과정에서 불가피한 희생?
궤변 난무하는 한국

— 군경 등의 학살을 지적하면 일각에서는 '북한의 전쟁 책임을 희석하는 것 아니냐', '진보 성향 학자들이 좌익의 학살을 무시하는 것 아니냐'며 반발하는 목소리도 나온다. '격동기에 자유민주주의를 지키기 위한 반공 투쟁 과정에서 불가피한 희생'이라는 생각이 깔려 있는 것 같다.

4·3사건 당시 중산간 지대로 피신한 제주 사람들. 당시 2만 5,000명에서 3만 명이 희생된 걸로 추정된다. 제주도 전 주민의 10퍼센트다.

전에도 이야기한 것처럼, 북한은 전쟁을 일으켜 남과 북의 한국인들에게 너무나도 큰 피해를 줬다. 그 책임은 분명히 물어야 한다. 그러나 이 주민 집단 학살과 전쟁 책임을 묻는 것은 아주 성격이 다른 범주에 속하는 거다. 이런 걸 뒤섞어놓으면 안 된다. 양자다 책임을 물어야 하고, 양자는 성질이 다른 잘못이라는 걸 분명히 해야 한다.

이런 대규모 학살이 일어나는 건 다른 나라에서 찾아보기가 매우 힘들다. 전근대 시기에 우리나라에서 공권력이 이런 정도의 학살을 했다는 이야기를 난 들은 적이 없다. 그리고 제2차 세계대전 이후 새로운 정부가 들어설 때는 으레 이런 학살이 일어났나? 그렇지 않다. 한국을 제외하고는, 문명국에서는 거의 찾아볼 수가 없다. 세계에서 찾아보기 어려운 일이 한국에서 일어난 것이라는 점을 중시해야 한다.

또 하나는 제주 4·3사건과 여순사건 때처럼 한국전쟁 전에도 학살이 일어났다는 거다. 4·3 때 너무나도 엄청난 학살이 벌어지지 않았나. 앞에서 이야기했지만 진상 조사 보고서에 당시 2만 5,000명에서 3만 명이 희생된 걸로 추정된다고 돼 있다. 제주도 전 주민의 10퍼센트다. 그 사람들은 대부분 집단 학살을 당한 거다. 또 여순 지구에서도 얼마나 많은 사람이 학살됐나. 이것들은 다 전쟁 전에 일어난 것이지 않나. 제주 4·3 학살은 보도연맹원 학살과 함께 양대 학살로 꼽히고 둘 다 군경에 의한 거다. 그렇기에 이런 엄청난 학살에 대한 진상 조사, 연구, 책임 추궁 같은 것이 있어야 한다.

뉴라이트나 극우들이 얘기하는 걸 나는 도무지 이해할 수 없다. 극우 반공 세력이야말로 철저하게 자유민주주의를 파괴한 자들 아닌가. 뉴라이트는 바로 이 자유민주주의를 파괴한 자들을 합리화하는 측면이 상당히 있지 않나.

극우 반공 세력은 부정부패가 심했다. 특히 선거 부정이 아주 심했다. 1960년 3·15 부정 선거만이 아니다. 그리고 유신 헌법과 전두환 신군부 헌법 같은 건 민주주의의 근간을 뒤흔들고 자유민주주의를 뿌리째 뽑는 행위 아닌가. 이런 게 자유민주주의의 최대의 적 중 하나다. 그야말로 유럽 역사에서 얘기하는 파시즘 현상과 연관해 설명할 수 있는 것이다. 그런 반공 독재의 추종자들 또는 하수인들이 자유민주주의를 거론한다는 게 도무지 이해가 안 간다. 학문을 어떻게 보고 양심이나 양식을 어떻게 생각하는 건지……. 도무지 말할 수 없는 그런 것을 얘기하는 것이다.

무덤 위에 세운
극우 반공 체제

── 학살은 한국 사회를 크게 바꿔놓았다.

　　민간인 대량 학살이 없었다면 그와 같이 무섭고 철저한 극우 반공 독재가 가능했겠나. 공포에 의한 극우 반공 독재가 아니었나. 예컨대 보도연맹 사건을 생각하면, 어느 지역에서건 학살이 일어났다. 어느 날 갑자기 끌려가서 죽은 거다. 이랬을 때 정부가 부당한 일을 해도 정부를 비판한다든가 하는 생각이 들 수 있겠나. 바람이 불면 길가의 풀이 눕는 것처럼 국가 권력에 순응하고 묵종黙從하는 인간을 만들 수밖에 없지 않은가. 정부를 비판하는 것이 얼마나 무서운 결과를 가져올 수 있는지, 정부에 반대되는 행동을 하는 것이 얼마나 두려운 일을 초래할 수 있는지를 뼈저리게 느끼게 한 것 아닌가. 부역자 처벌 과정에서도 이런 걸 느낄 수 있다.

　　물론 한국전쟁 이전에도 이승만 정권은 굉장히 강한 반공 정책을 시행했다. 4·3사건, 여순사건에 대해서만이 아니다. 한 자료에 의하면 1949년 당시 감옥에 갇힌 사람의 80퍼센트가 사상범이었다. 권승렬 법무부 장관도 1950년 2월 죄수의 8할 정도가 국가보안법 위반 피의자라고 증언했다. 당시 조선일보도 사설에 '약방의 감초 격으로 빨갱이란 말이 사용되고 있다'고 썼다. 반대파나 개인감정이 있는 사람을 너나없이 빨갱이로 몰아세우고 있다고 사설에 쓴 것을 볼 수 있다.

　　이런 상태였는데도 1950년 이전까지는 극우 반공 체제가 굳건히 세워졌다고 이야기하지는 않는다. 반공주의가 그야말로 내면화

돼서 공포에 질식된 사회라고 여러 사람이 강조하는 건 이 전쟁을 겪으면서부터다.

전쟁에서 제일 무서운 경험이 무엇이겠나. 학살과 북한에 협조했다는 것, 제일 큰 게 이 두 가지다. 그게 민주주의를 세우는 걸 굉장히 힘들게 했다. 우리 사회를 정상적으로 이끌어가는 걸 참으로 어렵게 만들었다. 노동 운동을 하건 농민 운동을 하건 무슨 일을 하건 간에 아주 어렵게 만들었다.

그런데 자유민주주의를 지키기 위한 반공 투쟁으로 이런 걸 한 거다? 정부 수립 과정에서 불가피한 현상이었다? 저들은 국가 건설 과정이라고 표현하기도 하는데, 어쨌건 그건 도무지 말이 아닌 거다. 내가 거듭 강조하지만 대한민국을 정말 훌륭한 대한민국으로 만들어보려는 사람들이 있었다. 1948년 5·10선거 때도 있었고, 그 이전에도 있었다. 그와 달리 부정부패로 혼탁하게 하고 자유민주주의를 철저히 훼손한 사람들이 있었다. 이런 걸 명확하게 구분하는 것이 역사가의 임무라고 본다.

—— 이른바 자유민주주의를 위한 반공 투쟁을 강조하는 이들에겐 자신들이 이 나라를 세웠다고 생각하는 경향이 있는 것 같다.

정말 단정 세력, 극우 반공 세력이 새 나라를 세웠는가. 난 이 것도 이상하다고 생각한다. 대한민국을 새 나라로 세우려고 한 사람들은 반민법도 제정하고, 좋은 헌법과 좋은 농지개혁법도 만들었다. 또 제2대 국회에서는 사형私刑금지법을 만드는 등 사람 목숨을 중하게 알았고 민간인을 지키려는 노력을 많이 했다. 이런 것들을 높이 평가해야 한다.

1954년 4월 중앙청(현 경복궁) 광장에서 열린
북진 통일 궐기대회에 참가한 청년이 태극기에
혈서를 쓰고 있다. 민간인 대량 학살을 일으킨
극우 반공 독재 세력은 한국전쟁이 끝난 뒤
반공주의가 내면화돼서 공포에 질식된 사회를
만들었다. 사진 출처: e영상역사관

민간인 집단 학살

이와 달리 극우 반공 세력의 큰 부분은 친일파다. 이자들은 새 나라를 세우려 한 게 아니라 일제 유산을 답습한 거다. 일제 것을 이어받아 구舊나라를 세우려고 한 것이다. 정말 못된 자들이었다. 아주 나쁜 사람들이었다. 친일 경찰을 비롯한 친일파가 한 짓을 보면 알 수 있지 않나. 3·15 부정 선거도 이자들이 저지르는 것 아닌가.

이들이 자유민주주의를 지키기 위해 앞장섰다는 식의 주장을 접하면 소름이 끼친다. 극우 반공 독재에 맞서 민주주의를 이루기 위해 얼마나 많은 사람이 희생당하고 고생했나. 오랫동안 정말 힘들게 싸우고 4월혁명, 부마항쟁, 광주항쟁, 6월항쟁을 거쳐 오늘에 이른 것 아닌가. 이 역사를 잊으면 안 된다.

박정희 쿠데타 세력은 왜
합동 묘지를 파헤쳐야 했나

민간인 집단 학살, 일곱 번째 마당

김 덕 련 학살 피해 유족이 오히려 숨죽이고 살아야 했던 때도 있었다.

서 중 석 대학살은 우리 사회를 너무나 끔찍한 사회로 만들었다. 그 야말로 숨도 못 쉬는 질식된 사회로 만들었다. 4·3사건을 다룬 소설 《순이 삼촌》을 쓴 현기영 작가는 이걸 칠흑 같은 어둠의 사회라고 표현했다.

학살 후 오랫동안 시신 처리도 제대로 못하지 않았나. 1960년 4·19 이후에야 시신 처리를 한 지역이 꽤 많다. 여기저기 산과 들에 뼈가 나뒹굴고 그랬다. 같은 날, 같은 시각에 학살 피해를 겪은 한 동네가 온통 울음바다가 될 수밖에 없는데도, 제사조차 울음을 꾹 참고 침묵 속에 지내야 하는 그런 시대를 살았다.

— 한국전쟁 전후 민간인 학살 문제는 베트남전쟁 당시 한국군의 학살 문제, 그리고 1980년 5월 광주에서 벌어진 신군부의 학살 문제와 뗄 수 없는 관계가 있는 것 같다.

우리가 일본의 과거사 문제, 그들이 저지른 만행을 추궁하면 일본인 가운데 나쁜 사람들, 그러니까 극우로 불리는 사람들이 꼭 걸고넘어지는 게 있다. '너희들은 베트남에서 뭐했느냐. 학살을 저지르지 않았나.' 그 사람들은 상대방의 약점을 열심히 파고드는 거 같다. 자기 잘못을 시인하고 참회하는 건 눈곱만큼도 없다. 이런 점에서도 한국의 극우 반공 세력과 닮은 부분이 있다.

그렇지만 베트남전쟁과 관련해서 여러 가지 생각해야 할 것들이 있다. 베트남전 당시 한국군이 비난받을 짓을 왜 했는가, 그리고 현대 사회에서 어떻게 광주에서 벌어진 유혈 사태와 같은 끔찍한

1980년 5월 21일 12시경 공수부대와 시민이 전남도청
앞에서 대치하고 있다. 한 시간 후 집단 발포가 이뤄졌다.
한국전쟁 전후에 벌어진 민간인 학살에 대한 진상 조사와
책임 추궁이 철저히 이뤄졌다면, 광주에서 그런 일이
일어나지 않았을 것이다. 사진 출처: 전남대 5·18연구소

사건이 일어날 수 있는가에 대해서 말이다.

이건 한국전쟁 전후 민간인 학살 문제와 관련이 있다. 한국전쟁을 전후한 시기에 자행된 그 엄청난 학살에 대한 진상 조사라든가 책임 규명 같은 게 있었다면, 베트남이나 광주에서 그런 일이 안 일어났을 거라고 본다. 그런데 한국전쟁 전후 민간인 학살 문제를 반성하고 참회하기는커녕, 4월혁명 후 자연스럽게 진상 규명 운동이 일어나자 1961년 5·16쿠데타 권력은 철저히 탄압하고 진실을 숨기지 않았나. 앞에서 말했듯, 보도연맹원 학살 사건이 일반인에게 최초로 공개된 게 6월항쟁 이후인 1988년 월간 《말》을 통해서다.

우리 사회가 그런 식으로 대처했기 때문에 베트남전 당시 민간인 학살과 1980년 광주 학살이 일어난 것 아니냐. 그렇기 때문에도, 너무나도 늦었지만 지금이라도 학살 사건을 제대로 알아야 하고, 할 수 있는 한까지는 책임 추궁을 해야 하는 거다. 6월항쟁 이후에 그런 움직임이 일어나는 건 너무나도 자연스러운 일이다.

4월혁명으로 열린 학살 진상 규명의 길,
5·16쿠데타로 다시 막혀

── 학살 피해 유족에게는 잊을 수 없는 4월혁명과 5·16쿠데타라는 생각이 든다.

학살 문제는 4·19 이후에야 부분적으로 밝혀지기 시작했다. 다시 사회적인 관심을 모으면서 주로 경상도와 제주도 지역에서 유족회가 만들어졌다. 이들이 유골도 발굴하고 위령제도 지내고 위령비도 세웠다. 그러면서 진상 규명 운동이 일어났다.

호적 정리를 하기도 했다. 그때까지 호적 정리가 안 된 경우가 많았다. 시신을 처리할 수가 없으니까, 죽은 것이 불분명한 것으로 돼 있었기 때문이다. 시신 처리를 못하는데 어떻게 호적 정리를 할 수 있었겠나. 그래서 학살된 아버지가 법적으로는 살아 있는 걸로 돼 있던 경우가 꽤 있었나 보더라.

5·16쿠데타를 계기로 상황이 완전히 바뀌었다. 쿠데타 세력은 혁신계 인사, 학생 운동과 노동 운동을 한 사람뿐만 아니라 피학살자 유족회에서 활동하던 사람들도 대거 체포했다. 그리고 '혁명 재판'을 하는데 '유족회에서 허위 선전을 했다. 용공 사상을 고취했다. 군경을 학살자로 몰았다', 이런 식으로 해서 유죄 판결을 내리고 중형을 선고하고 그런다. 정말 세상이 거꾸로 간다고 해도 어떻게 이렇게까지 될 수 있는 건가.

거창만 하더라도 4월혁명 후 새로 피학살자 합동 묘지도 만들고 위령비도 세우고 그랬다. 그런데 5·16쿠데타 후 그 위령비는 정으로 쪼아서 땅속에다 묻고 묘지도 파헤쳤다. 제주도에 백조일손지묘百祖一孫之墓란 게 있는데, 그것도 똑같은 변을 당한다.● 이렇게 묘를 파헤치고 위령비를 쪼아서 파묻거나 훼손하는 건 정말 해서는 안 되는 일 아닌가. 특히 한국은 이걸 금기시하는 사회다. 그런데 그런 일이 일어나고 그랬다. 이걸 '제2의 학살'이라고들 부른다.

● 한국전쟁 발발 직후 제주도의 보도연맹원 등이 경찰의 예비 검속에 걸려 모슬포 송악산 부근에서 학살됐다. 유족들은 6년이 흐른 후에야 현장을 찾아 유골 중 일부인 132구를 수습할 수 있었다. 그러나 뼈들이 뒤엉켜 시신의 신원을 확인할 수 없었다. 이에 유골을 모아 백조일손지묘를 만들었다. 백조일손지묘는 '서로 다른 132명의 조상이 같은 날, 같은 곳에서 죽어 뼈가 엉켜 하나가 됐으니 그 후손은 모두 한 자손'이란 뜻이다.

1961년 5월 22일 대한상이용사회가 5·16 지지 차량 행진을 하고 있다. 5·16쿠데타 이후 한국 사회에서는 다시 한 번 극단적인 반공주의가 득세하게 된다. 사진 출처: e영상역사관

—— 이승만 전 대통령의 심복들이 학살을 자행하고도 영전했던 것이 떠오른다. 5·16쿠데타 세력이 유족들에게 그렇게까지 심하게 할 필요가 있었나 하는 의문을 품는 이들도 있을 것 같다.

5·16쿠데타가 왜 일어났는지를 생각해볼 필요가 있다. 5·16쿠데타를 한 이유와 관련해 나중에는 경제 발전이나 근대화를 많이 역설하고 내걸지만, 5·16쿠데타를 일으켰을 때 '혁명 공약' 첫 번째가 반공 태세를 재정비해 강화한다는 것이었다. 그 굳건한 반공 체제가 어떻게 성립됐나. 학살을 빼놓고 설명할 수 없다. 그러니까 극우 반공 세력의 도덕성에 대해, 그들이 어떤 인간들인지에 대해 근간부터 회의를 품게 하고 비판하게 하는 가장 큰 것이 바로 이 학살 문제다. 극우 반공 세력을 그렇게 비판할 수 있다는 건, 주민 집

단 학살 문제가 극우 반공 체제를 그야말로 뿌리째 흔들 수 있다는 것을 뜻한다. 그렇기 때문에 저들이 제2의 학살로 불리는 그러한 악행을 저지른 것 아니겠나.

하나 더 이야기하면, 6월항쟁 이후 사람들이 과거사 문제에 관심을 갖게 되면서 4·3사건이나 보도연맹 사건 같은 것에 대해 민간 차원에서 조사하고 증언을 채록했다. 그런데 수많은 사람이 증언을 거부했다. '4·19 나고 얼마 후 5·16이 터지면서 그렇게 고초를 겪었는데, 5·16 같은 사태가 또 일어나지 않으리라고 어떻게 보장하느냐'며 입을 꾹 다물었다. 그런 일이 많이 있었다. 극단적인 반공주의가 우리 사회에 얼마나 심각하게 파고들었는지를 잘 보여주는 참담한 모습이다.

학살 피해자를 좌익으로 둔갑시키고 연좌제로 옭아맨 무서운 사회

—— 유족을 고통스럽게 한 건 5·16쿠데타 직후의 그런 일들만이 아니었다. 연좌제도 이들을 괴롭혔다.

연좌제는 집단 학살과 관련된 또 하나의 커다란 비극이다. 시대에 역행하는 고약한 연좌제가 현대 사회에서 엄격하게 시행됐다는 것도 대단히 놀라운 일이다. 그 사람들이 연좌제 때문에 받은 고통이 어느 정도였는지를 이해하지 못하면 우리 현대사를 알 수가 없다.

연좌제 때문에 얼마나 많은 사람이 고통을 당했는지는, 조정래 소설 《한강》을 비롯해 여기저기에 많이 나온다. 앞에서 이야기한 것처럼, 어머니를 비롯한 가족이 이야기해주지 않으면 학살 피해자인 자기 아버지나 형이 어떻게 죽었는지를 잘 모르는 거다. 그런데 이걸 언제 알 수 있느냐. 진학이나 취업을 할 때 뜻밖에 아는 경우가 많았다. 이를테면 어떤 특정 학교에 가려는데 납득할 만한 이유 없이 불합격 통지가 온다든가, 공무원에 응시하거나 특정한 데 취업하려 할 때 '너는 안 된다'는 딱지가 붙는다. 그러면 왜 이런 일이 일어났는지 알아보려고 어머니에게 묻기도 하고 호적 조회도 할 것 아닌가. 그 과정에서 자기가 연좌제에 묶여 있었다는 걸 알게 되는 일이 꽤 있었다.

이런 경우도 있다. 좌익과 연관된 게 아무것도 없던 아버지가 집단 학살을 당했다고 들었는데, 취직이 안 되는 거다. 어떻게 된 일인지 알아보니, 아버지가 빨갱이로 분류돼 있었다. 다시 말해 군인들이 집단 학살을 하고 나서 전과를 올렸다고, '다 빨갱이라서 죽였다'고 보고한 거다. 호적 같은 데에도 그렇게 기록되면서 연좌제에 묶인 거다.

— 학살 피해자를 좌익으로 둔갑시키는 일은 곳곳에서 일어났다.

유신 체제에서는 또 다른 문제가 생긴다. 무슨 문제가 생기느냐. 우리가 외국에 많이 나가기 시작한 게 1970년대, 그중에서도 1974~1975년경부터 중동 건설 붐을 타면서다. 굉장히 많은 사람이 중동에 노동자, 사무원으로 나갔다. 이 과정에서 많은 사람들이 자신이 연좌제에 묶였다는 것을 알게 됐다. 연좌제에 걸리면 여권이 안 나왔다.

여권 하면 빼놓을 수 없는 사람이 있다. 독립 운동가 김순애 여사다. 독립 운동을 한 사람들은 이승만 정권 아래에서 고통을 많이 받았다. 그런데 4월혁명이 일어났는데도 이분의 여권이 상당 기간 안 나왔다. 이분은 독립 운동으로 포상을 받기도 했을 뿐만 아니라 그 남편이 임시정부 부주석이던 김규식 박사고, 조카가 일제와 싸우다 순국한 그 유명한 김마리아다. 일제 때 독립 운동에 앞장섰다는 걸 차치하더라도, 김규식은 해방 후 이승만, 김구와 함께 우익 3영수로 꼽혔다. 한국전쟁 때 김규식은 납북됐는데, 그 부인은 그때 좌익에 협력한 걸로 기록돼 있다는 이유로 여권이 안 나온 거다. 세상이 다 아는 김규식 부인 김순애 여사, 독립 운동가 김순애 여사가 이 정도였으니 다른 사람들은 얼마나 불이익을 받았겠는가.

살아남은 사람들을 파괴한 연좌제…
성역은 있었다

—— 연좌제가 인권을 심각하게 침해한 제도라는 것을 전제하고 말하면, 그걸 적용하는 데서도 형평성을 잃었던 게 아닌가 싶다. 단적으로, 남로당의 고위 프락치였던 박정희 전 대통령이 연좌제로 고생했다는 이야기를 들어본 적이 없다.

1960~1970년대에 내가 많이 들은 이야기가 있다. '연좌제에 제일 묶여야 할 사람들은 자유롭고 열심히 살아보려는 일반 백성들만 피해를 보는 것 아니냐', 그런 이야기가 많았다. 뭐냐 하면 남로당에 관계한 걸로 볼 때 박정희야말로 연좌제에 묶일 만한 사람이고, 김

성곤도 박정희의 형 박상희하고 1946년 10월항쟁에 관련된 사람 아니냐는 거였다.[●] 그 사람들뿐만 아니라 공화당 핵심부엔 혁신계 인사들이 여러 명 있었다. '고위층은 빠지고 힘없는 사람들만 연좌제로 고통을 당하는 이건 도대체가 말이 아니다'라는 얘기가 그 시기에 돌고 그랬다. 은밀하게 하는 얘기였지만 뼈 있는 얘기가 아니었나 하는 생각이 든다.

── 연좌제는 가족 관계도 파괴했다.

연좌제 때문에 가치관이 전도되는 현상이 일어나는 경우가 상당히 많았다. 사례를 하나 들면, 보도연맹원으로 학살된 형의 묘를 동생이 파헤치려 한 일도 있었다. 형을 불쌍하게 여기던 동생이었는데, 빨갱이 집안으로 몰려 오랫동안 고통을 당한데다 자기 아들이 경찰대 시험에서 떨어지면서 그렇게 변한 거다. 아들이 경찰대 시험 1차와 2차는 다 됐는데 3차에서 안 된 게 학살된 형 때문이라고 믿은 것이다. 그것(연좌제)이 아니면 설명이 안 된다고 본 거다.

사실 연좌제에 묶인 사람들 중엔 부모를 원망하는 경우가 아주 많다. 부모를 저주하는 경우도 있다. '가족을 학살한 군경이나 이승만 정권의 잘못이다', 이렇게 생각하는 게 아니라 '이건 우리 아버지, 형이 자업자득한 것 아니냐'라고 생각하는 거다. 하도 고통을 당하다보니까 '죽은 사람 잘못이다' 같은 사고도 생기고 그랬다.

───────────

● 김성곤은 공화당 재정위원장 등을 역임한 정계 실력자였다. 해방 직후엔 경북에서 좌익 활동을 했다. 박상희 외에도, 5·16쿠데타 후 김일성의 밀사로 내려왔다가 처형되는 황태성도 이때 함께 활동했다. 김성곤은 쌍용그룹 창업주이기도 하다.

1952년 전쟁 중 부산에 세워진 대한민국 정부
청사 건물. 한국전쟁 이후 다른 지역에 비해
경상도에서 진보적인 흐름이 더 선명하게
나타났다. 사진 출처: e영상역사관

민간인 집단 학살

제주도에서는 부모가 4·3 때 죽었다는 이야기를 절대로 안 하는 유명 인사들이 있다는 이야기를 들었다. 수십 년이 지난 지금까지도 그것에 대해선 말을 안 하는 사람들이 있다고 한다. 자기는 4·3과 무관한 것처럼 행동하는 거다. 그것에 대해 말을 '잘못'하면 큰 피해를 볼 수 있었기 때문이다. '4·3으로 죽었다', 이 자체가 어떤 낙인이 찍히는 근거처럼 된 적이 있지 않았나. 이런 것들이 정상적인 사회에서 일어날 수 있는 건가.

기억과 참회는
한국 사회의 의무다

— 한국전쟁 이후 한동안 다른 지역에 비해 경상도에서 진보적인 흐름이 더 선명하게 나타난다. 이런 모습이 학살을 비롯한 한국전쟁 당시 경험과 관련 있는 것 아니냐는 지적도 있다.

어째서 이승만 정권 시기에 진보 세력, 야당 세력이 경상도에서 셌느냐. 1952년 정부통령 선거건 1956년 정부통령 선거건, 조봉암 몰표가 나온 곳이 경상도다. 투·개표 부정, 특히 개표 부정이 이 지역에선 아주 심했다고들 이야기하는데도 그렇다. 1960년 3~4월 시위도 경상도에서 많이 일어난다. 2월 28일 대구 지역 학생들이 제일 먼저 일어났고, 3·15 부정 선거를 계기로 두 차례에 걸친 의거가 일어나는 곳도 마산이다. 부산에서도 고등학생 시위가 많았다. 4월혁명으로 이승만 정권이 붕괴한 후에도 경상도에서 혁신 세력이 강했다. 교원노조가 강세를 보인 곳도 바로 이 지역이다.

이걸 잘 모르거나 이상하게 여기는 사람이 많다. 왜냐하면 5·16쿠데타 이후 박정희 정권이 18년 동안 경상도를 근거로 삼은 것 아닌가. 특히 유신 독재 때 더 심하게 경상도에 의존했다. 그리고 1990년대 중반, 그중에서도 특히 'IMF 사태' 이후 박정희에 대한 강한 향수와 더불어 복고주의적인 분위기가 이 지역과 연관돼 일어났다. 김대중의 햇볕 정책을 '퍼주기'로 폄하하는 사람들도 많다. 그런 걸 볼 때 경상도에서 진보 세력이 강했다는 게 이해가 안 되는가 보다. 그러나 사실이다.

어째서 1950년대에 그런 일이 일어났느냐. 이것에 대해 몇몇 학자가 연구한 게 있다. 우선 이 지역은 해방 직후에도 전라도와 함께 좌익 세력이 대단히 강했던 곳이다. 중부 지방이 오히려 약했다. 그 점을 생각하지 않을 수 없다. 그다음에 대구와 임시 수도 부산이 한국전쟁 때 정치 활동에서 중추적인 역할을 했는데, 그때 이승만 정권의 비리, 부정부패, 그리고 부산 정치 파동을 보고 겪었다. 그러면서 이승만 정권에 대한 반감이 강할 수밖에 없었다.

이런 것도 작용했겠지만, 한국전쟁 때 이 지역이 대부분 인민군의 지배를 받지 않은 점이 적지 않게 작용한 것 아니냐고 지적하는 연구도 있다. 인민군은 경상도 일부를 잠깐 점령했을 뿐이다. 그래서 레드 콤플렉스가 다른 지역보다 적을 수 있었다는 것이다.

이러한 여러 요인들이 연결되면서 1950년대에 조봉암을 비롯한 야당 지지 지역, 4월혁명 이후엔 혁신 세력과 교원 노조가 강한 지역이 된 게 아니겠나.

1964년부터 한일 회담 문제로 학생 시위가 또 치열해지는데, 그 무렵 '서울대 문리대가 시위의 진원지이자 사령탑'이라는 얘기가 한때 있었다. 그때 주동자급이 대개 경상도, 그것도 대구 사람이었다. 내가 1967년에 대학에 들어갔는데, 학생 운동을 쥐고 있던 쪽이 경북고를 중심으로 한 경상도 쪽이었다. 그때를 전후해 그쪽 세력이 쇠퇴하는데, 그게 박정희 정권이 강화되는 것과 관련이 있지 않느냐는 생각이 든다.

— 한국전쟁 전후 민간인 학살에 관한 이야기 마당을 닫을 때가 됐다.

홀로코스트에 대해 독일의 여러 대통령, 총리를 비롯해 많은 유럽인이 참회하는 것처럼, 우리는 한국전쟁 전후 시기에 있었던 이 참혹한 학살을 영원히 기억하고 참회해야 한다. 다른 어떤 사건보다도 그러하다. 그래야 화해도 있을 수 있는 거다.

이 시기에 학살당한 사람들 중 아직도 유골 발굴은 물론 시신 처리도 제대로 되지 않은 이들이 대단히 많을 거라고 보고 있다. 예전에 '진실·화해를 위한 과거사 정리 위원회'를 비롯한 여러 과거사 위원회가 만들어져 몇몇 지역에서 일어난 학살 사건의 진상이 규명되고 명예가 회복됐다. 이런 건 높이 평가해야 한다.

그러나 '진실·화해를 위한 과거사 정리 위원회' 활동 중에는 일을 마무리하지 못한 채 끝난 게 많다. 무엇보다 유골 발굴, 시신 처리는 제대로 안 됐다. '진실·화해를 위한 과거사 정리 위원회'에서 다 못한 일을 몇몇 민간단체에서 해보겠다고 노력하는 걸로 아는데, 다시 정부 차원에서 유골 발굴, 시신 처리는 물론 유적지 복원 등의 활동을 해야 하지 않겠나.

세계적으로도 1990년대 이후 과거사 문제, 특히 학살 문제에 대해서는 다른 어느 사건보다도 큰 관심을 기울이고 있다. 한국이

'위안부' 문제를 비롯한 과거사에 대해 일본을 끊임없이 추궁하고 있는데, 우리가 제대로 기억하고 참회해야 일본에 대해서도 훨씬 당당한 모습으로 그런 요구를 할 수 있는 것 아닌가. 인권이 숨 쉬는 사회를 만들기 위해서도 꼭 필요한 일이다.

다시 강조하지만, 역사에는 결코 일어나서는 안 되는 일이 있다. 인간에게는 넘을 수 없는 선이라는 게 있지 않나. 절대로 해서는 안 되는 일이 있는 거다. 인간성, 인권, 민주주의, 자유에 가장 역행하고 그것을 말살하는 행위가 바로 학살이다. 학살은 인류가 저지른 잘못 중 최악이다. 최악 중의 최악이다. 거듭 강조하지만, 남아 있는 우리가 진실을 밝히고 책임을 추궁하고 희생자들이 편안히 잠들 수 있도록 진실을 규명해 기억하고 참회하는 것이 대단히 중요하다.

나가는 말

1

2006년 초 필자는 당시 일하던 신문사에서 뉴라이트의 역사 인식에 관한 장기 기획을 구상했다. 2004년 무렵부터 우후죽순처럼 생긴 뉴라이트 단체들의 역사 공세가 진실과는 거리가 멀어도 한참 멀다는 것을 보여주는 기획이었다. 학자들이 현대사의 주요 쟁점에 관한 연구 성과를 정리하고, 이를 뉴라이트 쪽 주장과 비교하는 방식을 생각했다. 수십 년간 학계에서 쌓아 올린 연구 결과와 차분하게 비교하는 것만으로도 뉴라이트가 얼마나 억지 주장을 많이 하는지를 독자들이 어렵지 않게 공감하는 자리를 마련할 수 있을 것이라고 여겼다.

의욕적으로 추진했지만 기획을 실행하지는 못했다. 그렇게 된 이유 중 하나는 학자들의 뉴라이트 기피 반응이었다. 당시 접촉한 연구자들 중 다수가 '기획 취지는 공감하나, 뉴라이트가 마치 수십 년 연구한 학자들과 대등한 성과를 쌓은 것처럼 비칠 수 있지 않겠느냐'고 우려했다. "그 사람들(뉴라이트), 현대사 공부부터 제대로 하고 오라고 하세요"라고 직설적으로 이야기하는 이들도 여럿 있었다. 학문보다는 정치 공세에 주력하는 뉴라이트의 도발, 그리고 그러한 뉴라이트를 밀어주는 조·중·동(조선일보, 중앙일보, 동아일보)의 책략에 말려드느니 무시하는 게 낫다는 판단이었다.

적잖은 연구자들의 뉴라이트 기피 반응이 한편으로는 이해됐다.

그러나 다른 한편으로는 아쉬웠다. 뉴라이트를 앞세워 저들이 펼치는 공세의 핵심은 숱한 고난을 이겨내며 민주주의를 향해 한 걸음씩 내디뎌온 역사의 흐름을 뒤집는 것이었다. 20세기 한국사의 문제를 근본부터 파헤치고 그것을 극복하기 위한 노력들을 조명했던 1980년대 이후의 역사학에 흠집을 내려 저들이 그토록 몸부림친 것도 그 때문이었다. 그런 상황이기에, 그간 쌓은 연구 성과를 바탕으로 저들의 주장에 담긴 문제점을 지적하며 끈질기게 대응하지 않으면 사회 전반의 논의 지형 자체가 바람직하지 않은 방향으로 바뀔 수 있다는 걱정이 들었다.

그로부터 7년. 뉴라이트 세력은 한국을 좌지우지하는 힘센 신문들을 등에 업은 것에 더해 정치 권력의 지원까지 받으며 계속 목소리를 높였다. 그리고 안타깝게도 우려는 현실이 됐다. 2013년 한국은 '5·18 때 북한군 600명이 광주에 침투했다'는 등의 어처구니없는 주장이 방송 전파를 타고 나오는 사회가 됐다. 온라인에서는 입에 담기조차 민망한 '일베'식 역사 왜곡이 넘쳐났다. 이와 같은 위험한 우경화가 뉴라이트가 앞장서고 조·중·동 등이 그 뒤를 든든히 받쳐준 일련의 역사 공세와 무관하다고 볼 수 있을까?

우경화를 부른 책임을 역사학자들에게 돌릴 생각은 없다. 저들의 공세에 대응하는 것은 역사학자들만의 몫이 아니며, 역사학자들이 대응할 수 있는 범위를 넘어서는 문제이기 때문이다. 이를 전제하고 말하면, 우경화의 밑바탕을 이루는 거듭된 역사 왜곡을 바로잡기 위해서는 역사학계가 쌓아 올린 연구 성과를 더 많은 사람이 공유하는 것이 여전히, 그리고 반드시 필요하다. 이러한 생각으로 2013년 여름, 정년 퇴임을 앞둔 서중석 선생을 찾아가 현대사에 관한 연속 인터뷰를 요청했다. 선생은 흔쾌히 수락했다. '서중석의 현대사 이야기'는 그렇게 탄생했다.

2

2013년 8월 '서중석의 현대사 이야기' 첫 기사를 내보낸 후 1년 반에 가까운 시간이 흘렀다. 그동안 한국 현대사를 관통하는 굵직한 주제 중 아홉 가지에 관한 인터뷰를 진행해 프레시안에 기사로 내보냈다. 인터뷰는 필자가 사전 자료 조사를 통해 여러 장의 질문지를 만들어 보내면 서중석 선생이 그에 답하는 형식으로 진행됐다. 사전 질문지의 틀대로만 인터뷰가 진행된 건 물론 아니다. 인터뷰 현장에서 서중석 선생은 필자가 미처 생각하지 못했던 문제들을 여러 부분 짚었다. 필자 역시 서중석 선생의 이야기를 들으며 현장에서 즉석으로 또는 인터뷰를 마치고 돌아온 후 전화로 추가 질문을 해 내용을 보완했다. 그렇게 인터뷰를 진행한 아홉 가지 주제 중 해방, 친일파, 한국전쟁, 학살에 관한 이야기를 모아 이번에 두 권의 책으로 묶어내게 됐다. 프레시안 기사로 실린 내용을 기본으로 하고, 기사에 다 담지 못한 내용을 덧붙였다. 연재 기사로 게재된 나머지 다섯 가지 주제와 앞으로 인터뷰를 진행할 다른 이야기 주제 역시 같은 방식으로 책으로 묶을 예정이다. 그런 의미에서 '서중석의 현대사 이야기'는 연재 기사 측면에서도, 책 발간 측면에서도 현재 진행형이다.

'서중석의 현대사 이야기' 기획자이자 인터뷰 기사를 정리해 연재하는 담당 기자로서 이 기획에 대해 조금 더 설명하고자 한다. 먼저 말할 것은, 이 기획을 구상·진행하는 과정에서 뉴라이트를 앞세운 저들의 이념·역사 공세에 제대로 대응하는 것을 많이 염두에 뒀지만 그것이 전부는 아니라는 점이다. 부박함에 휘둘리고 편협한 진영 논리에 자신을 가두는 이들이 점점 늘어나는 듯한 진보 세력의 각성과 분발을 촉구하는 의미도 기획 곳곳에 담았다. 진보 세력이 어두운 미로에서 벗어나기 위해서는 역사와 구체적인 현실에 깊이 뿌리내려야 한다는 것에 공감하는 이들이 늘었으면 하는 바람이다.

두 번째는 이야기 마당이라는 형식을 택한 이유다. 역사를 여러 가지로 정의할 수 있겠지만, 어떻게 규정하든 '인간 삶의 총체로서 역사'라는 부분을 빼놓을 수는 없다. 필자는 그러한 다양하고 구체적인 삶들을 전하는 데 유용한 방식이 바로 이야기라고 봤다. 이에 더해, 연대기 형식이 많은 현대사에 관한 기존 서술 방식과는 다르게 접근할 필요도 느꼈다. 연대기 형식은 나름의 장점을 갖고 있지만, 특정한 역사적 사건이 오늘날 현실과 어떤 관계를 맺고 있는지를 적극적으로 다루는 데 적합한 형식은 아니다. 그래서 이 기획에서는 이야기 마당이라는 형식을 통해, 특정한 역사적 사건이 발생한 당시 상황을 충실히 다루면서도 오늘날 사회적으로 그것을 어떻게 기억하고 있는가 하는 문제까지 폭넓게 짚는 것을 지향했다. 그것이 역사는 과거와 현재의 대화라는 고전적인 정의에 담긴 뜻과도 부합한다고 필자는 생각한다.

세 번째는 역사에 대한 평가 문제다. 필자가 느끼기에, 한국 학자들 중에는 사실 관계 규명에 주력하고 평가 부분에서는 말을 많이 아끼는 경우가 적잖다. 이런 경향은 전근대사 쪽에서 더 강하지만, 현대사 연구자 중에도 그런 경우가 있다. 그러한 학자들의 판단에 대해 이 자리에서 시비를 걸 생각은 없다. 연구는 제대로 하지 않고 설익은 이념 공세에 주력하는 상당수 뉴라이트 계열 인사들의 태도에 비하면, 학자들의 그런 선택은 존중받을 만하다. 다만, 그럼에도 때때로 아쉬움이 드는 건 사실이다.

이와 달리 이 기획은 역사에 대한 평가를 많이 담고 있다. 역사 왜곡에 대응한다는 측면에서도, 이야기 마당이라는 형식을 통해 과거와 현재의 대화를 적극적으로 시도한다는 취지에서도, 역사 정의는 미래와 직결되는 문제라는 점에서도 이는 자연스러운 귀결이다. 물론 사실 관계를 명확히 정리하고 연구 성과를 충실히 반영하는 것은 역사책의 기본이다. 이 점에 대해서는, 이 기획을 이끌어가는 분이 한국 현대사 연구를 상징하는 인물인 서중석 선생임을 상기하는 것만으로도 충분하리라고 본다.

3

역사에 대한 평가 문제가 이 기획 곳곳에 담겨 있는데, 그중 한 가지만 이 자리에서 필자가 이야기하고자 한다. 이른바 역사를 긍정적으로 인식해야 한다는 주장이다. 해방 후 거듭 들어선 독재 정권은 현대사의 진실을 두려워했다. 그걸 밝혀내려는 노력을 힘으로 막았다. 그러한 탄압을 뚫고, 1980년대 이후 수많은 사람이 현대사의 진실을 밝히고자 분투하며 많은 성과를 쌓았다. 뉴라이트를 앞세운 저들이 '역사에 대한 긍정적 인식' 운운하며 표적으로 삼은 건 바로 그러한 현대사 연구 성과다. 제국주의, 분단, 독재로 얼룩진 20세기 한국사의 문제를 정면으로 응시하는 연구에 대해 '그건 역사를 부정적으로 인식하는 잘못된 것'이라고 저들은 주장한다. 또한 그것이 한국 역사를 자랑스럽게 여겨야 할 자라나는 세대에게 부정적인 영향을 끼친다고 강변한다. 더 큰 문제는 이것이 몇몇 뉴라이트 계열 인사들에게서만 나오는 이야기가 아니라는 것이다. 여권의 유력 정치인들까지 나서 이런 위험한 주장을 거리낌 없이 하고 있다.

저들은 자신들을 '긍정'으로 포장하고 상대편에는 '부정'이라는 딱지를 붙이고 있지만, 그 속을 들여다보면 새로울 것 하나 없는 궤변이다. 한마디로 일본 우익의 자학 사관 논리와 다를 게 없다. 한 번 생각해보자. 일제에 부역하면서 사람들을 괴롭힌 친일파를 비판하는 것이 역사를 부정적으로 인식하는 것인가? 분단을 획책해 수많은 사람의 가슴에 대못을 박은 세력의 잘못된 행태를 지적하는 것이 자라나는 청소년에게 나쁜 영향을 끼치는 것인가? 권력욕에 사로잡혀 죄 없는 사람들을 고문하고 죽인 독재자를 비판하는 것이 한국의 앞날에 어두운 그림자를 드리우는 것인가? 그렇지 않다. 자랑스럽게 여겨야 할 건 제국주의, 분단, 독재 같은 역사의 오물이 아니다. 그런 역사의 오물에 맞서면서 그 문제를 극복하는 방향으로 한 걸음씩 나아간 것, 자랑스럽게 여길 것은 바로 그것이다. 그렇게 나아가기 위해 수많은 한국인이 피와 눈물과 노력을 쏟았고, 그 결과 상당한 성과를 거뒀다. 물론 아직 완전하게 극복하지 못했기에 앞으로도 갈 길은 멀다. '긍정적 인식' 운운하며 자신들의 치부를 가리고 진실을 덮으려는 저들의 궤변에 속지 않는 것은 더 나은 미래를 향한 첫걸음이다.

4

서중석 선생과 함께 이 기획을 진행할 수 있었던 것은 필자에게 큰 복이다. 오월의봄 출판사와 함께하게 된 것도 행운이다. 연재를 시작한 후 몇몇 출판사에서 출간 제안을 받았지만, 오월의봄에서 내민 손을 잡는 데 주저하지 않았다. 부박한 시대에 휩쓸리지 않는 뚝심을 갖춘 곳이며, 그 점에서 '서중석의 현대사 이야기' 기획과 잘 맞을 것이라고 여겼기 때문이다. 출간 작업 과정은 그 선택이 옳았음을 확인하는 자리이기도 했다. 인터뷰 정리를 도와준 프레시안 후배 최하얀·서어리 기자에게도 감사 인사를 전한다.

2015년 3·1절 프레시안 편집국에서
김덕련

서중석의 현대사 이야기 ❷

초판 1쇄 펴낸날   2015년 3월 18일
초판 4쇄 펴낸날   2024년 5월 10일
지은이   서중석·김덕련
펴낸이   박재영
편집   임세현·한의영
마케팅   신연경
디자인   조하늘
제작   제이오
펴낸곳   도서출판 오월의봄
주소   경기도 파주시 회동길 363-15 201호
등록   제406-2010-000111호
전화   070-7704-2131
팩스   0505-300-0518
이메일   maybook05@naver.com
트위터   @oohbom
블로그   blog.naver.com/maybook05
페이스북   facebook.com/maybook05
인스타그램   instagram.com/maybooks_05

ISBN   978-89-97889-58-7 04900
          978-89-97889-56-3 (세트)

만든 사람들
책임편집   박재영
디자인   조하늘